La Charité à Paris

au XIXe siècle

Paris

Office central des Œuvres de Bienfaisance

175, Boulevard Saint-Germain

—

1900

La Charité à Paris

au XIXe siècle

Paris

Office central	Just Poisson
des Œuvres de Bienfaisance	ÉDITEUR
175, boulevard Saint-Germain	14, rue de Beaune

1900

Heliog Dujardin   Fournier-Sarlovèze inv et pinx

L'ASSISTANCE PAR LE TRAVAIL

PRÉFACE

S'IL est une page instructive entre toutes, éloquente et
magnifique au Livre d'or du siècle qui finit, c'est bien
celle où sont consignés tous les efforts de nos contemporains
pour alléger le fardeau des misères du pauvre. Quand on com-
pare, en effet, les institutions philanthropiques et charitables
de nos jours aux fondations humanitaires de nos ancêtres, on
est surpris et confondu des immenses progrès accomplis dans
le domaine de la bienfaisance. Depuis trente ans surtout, cet
élan de la charité s'est donné libre carrière. Les plus auda-
cieux essais ont été tentés, les plus généreuses aspirations ont
surpassé les espérances et réalisé des prodiges; la contagion
du bien, dont on ne peut nier l'influence, n'a cessé de susciter
dans notre pays des combattants de la misère et des protec-
teurs pour tous ceux qui souffrent.

En aucun lieu du monde, croyons-nous, cet admirable mou-
vement de pitié ne s'est mieux manifesté que dans la ville de
Paris. Le besoin créant l'organe, nous avons vu surgir autour
de nous et bientôt se multiplier des œuvres d'assistance et de
prévoyance auxquelles nul n'avait songé dans la première
moitié du xixᵉ siècle. Il serait superflu de mentionner ici les
services et les budgets de l'Assistance publique, bien connus

de tous. Qu'il suffise donc de rappeler que les Parisiens, d'après une statistique officielle, contribuent chacun pour plus de 13 francs par an aux dépenses de cette administration, alors que tous les autres citoyens français n'y participent que pour 1 fr. 70. Quant au budget de la bienfaisance parisienne, nul ne peut établir, même approximativement, des chiffres précis, tant sont variés, discrets et sans contrôle les échanges entre riches et pauvres. Aux manifestations notoirement insuffisantes de l'assistance officielle, l'initiative privée est venue joindre celles que lui suggéraient le dévouement et le génie du cœur. Elle a su, comme on le verra, les adapter à merveille aux besoins d'une agglomération de 3,500,000 habitants.

Beaucoup d'institutions ont été magnifiquement dotées, dès leur naissance ; beaucoup de fondations aussi utiles, mais dénuées de toute ressource, ont apparu et prospéré ; or on a vu les unes comme les autres se développer, parfois, avec une étonnante rapidité. C'est ainsi que les *Salles d'asile*, qu'on appelle aujourd'hui *Écoles maternelles*, si rares à Paris avant 1826, sont à l'heure actuelle au nombre de 369. La première *Crèche* était installée à Chaillot en 1844 ; dix ans après, nous en comptons 25, puis 30 en 1870, 75 en 1890, 96 en 1900. Les deux premiers *Fourneaux* établis à Paris par les soins de la Société philanthropique remontent à l'année 1800. Actuellement, ce même Établissement en fait fonctionner 30 ; la Société de St-Vincent-de-Paul en entretient 27 ; il en existe encore 28 dans les paroisses, sans compter 26 fondations de *Soupes populaires*, les Réfectoires des *Œuvres du pain de St-Antoine, de la Mie de pain, du Pain pour tous, de la Bouchée de pain* et de la *Société des amis des pauvres*. Cinq millions de Bons ont été distribués dans la seule année 1899. Autrefois les *Dispensaires* étaient à peine connus des indigents. Aujourd'hui ces derniers en ont à leur disposition 26 dans les hôpitaux et hospices, 45 dans les Maisons de secours dépendant de l'Assistance publique, 35 dans les succursales de la Société philanthropique, 23 dans les établissements municipaux de chaque arrondissement, 55 dans les institutions privées, Maisons de charité libres, etc., soit en tout 184.

Les Patronages, les Écoles professionelles, les Sociétés de secours mutuels, les Cliniques et toutes les œuvres d'assistance par le travail sont aussi dignes d'attirer l'attention par les progrès constants de leur chiffre numérique que par l'accroissement nécessaire de leurs services. Au surplus, pour apprécier dans quelle mesure a progressé la charité parisienne, nos lecteurs ont maintenant trois points de comparaison :

1° Le Tableau des principales œuvres fondées à Paris avant le xixᵉ siècle,

2° Le premier Manuel d'œuvres paru en 1819,

3° Enfin, le bel ouvrage : *Paris Charitable et Prévoyant*, publié, en 1897, par les soins de l'Office central des œuvres de bienfaisance.

Ce n'était point chose facile que de retrouver la trace des fondations antérieures à l'époque révolutionnaire. Si variée qu'elle puisse paraître, la bibliographie, sur ce sujet, ne répond guère à l'attente du chercheur. Quant aux dépôts d'archives, pourtant si riches en vestiges du passé, ils ne conservent point de fonds proprement dits sur les établissements privés ou publics de bienfaisance. Les documents précis sont fort disséminés depuis la Révolution, et ne s'appliquent généralement qu'aux maisons hospitalières. L'incendie de l'Hôtel de Ville, en 1871, n'a fait qu'appauvrir encore des champs d'exploration jadis incomparables. Toutefois, nos recherches à la Bibliothèque Carnavalet, à la Bibliothèque et aux Archives nationales, les travaux de Feillet, Alletz, Monnier, Lecomte, du Camp, Legrand, Lallemand, Goyecque, surtout l'étude attentive des meilleurs ouvrages relatifs à l'histoire du vieux Paris, entre autres ceux de Félibien, Lebœuf, Piganiol de la Force, Dulaure, Tenon, Martin-Doisy, nous ont permis d'établir une liste chronologique des *principales institutions* créées en faveur des pauvres. Certes, un pareil travail est loin d'être complet; les érudits et les savants n'auront que trop de raisons soit de suspecter notre compétence, soit de combler nos lacunes. Mais ce que nous voulons simplement espérer, c'est que les Fondations de notoire importance n'ont pu, vraisemblablement, échapper à cette enquête.

On sera frappé à la fois du grand nombre d'hôpitaux servant autrefois d'asiles aux vagabonds, aux infirmes, aux vieillards, et de l'extrême insuffisance des œuvres répondant aux besoins si multiples de l'enfance et de l'âge adulte. Des générations entières se sont succédé sans qu'aucun cri vibrant de compassion trouvât des échos, sans que de nouveaux Vincent de Paul donnassent le signal de quelque réforme patiemment attendue des déshérités. N'est-il pas étrange qu'après une période vraiment admirable dans les annales de la charité, période ouverte avec l'illustre fondateur de la Congrégation de la Mission et pour ainsi dire fermée avec Mme de Miramion, il soit nécessaire d'arriver au milieu du règne de Louis XVI pour rencontrer des hommes vraiment *sensibles*, associant le cœur au talent, inquiets des souffrances du plus grand nombre, et résolus à donner publiquement l'exemple du précepte évangélique : Aimez-vous les uns les autres ?

Pendant la première moitié du xviie siècle, c'est une constante floraison d'âmes pénétrées de sollicitude pour toutes les misères et passionnées pour le sacrifice, un épanouissement d'instituts hospitaliers, une émulation religieuse, ardente, dans l'amour des faibles; puis vient une période de sécheresse inconcevable, une insouciance absolue du problème de la solidarité. Plus d'élans d'enthousiasme, plus d'initiatives, à part quelques exceptions personnifiées dans Chamousset.

Non pas que le Parisien parût alors peu *aumônier* — il l'était au contraire et le sera toujours —, mais de notables écrivains, Mercier entre autres, dans son *Tableau de Paris*, le montrent exclusivement occupé à remédier à l'insuffisance de l'Hôtel-Dieu et à lui créer des succursales, en déplorant que « la dévotion appliquât sans cesse et sans discernement les aumônes aux hôpitaux ». Voltaire n'exagérait pas quand, célébrant les exploits des grands guerriers de son siècle, il montrait le peuple « périssant de misère aux chants des *Te Deum* ». Avec les précurseurs de la Révolution apparaîtront « les philanthropes » et « les amis de l'humanité ». La Bienfaisance, en tous les temps pratiquée comme vertu chrétienne, ralliera de nouveaux prosélytes avec un mot : Fraternité. Mais elle ne sera féconde et répandue à profusion, comme elle doit l'être, qu'à la fin du XIXᵉ siècle, parce qu'elle sera comprise en même temps comme devoir social. Qu'on en juge par les statistiques que nous allons faire connaître :

En fait d'œuvres protectrices des nouveau-nés et des mères, nous ne trouvons que 3 institutions dans le passé : la *Maison de la Couche* (1517), l'*Hospice Scipion* (1656), le *quartier de la Crèche à l'Hôpital de la Salpétrière* (1656), antérieures à la *Société de charité maternelle* (1784). L'hospice de la *Maternité* date seulement de la Révolution (1794). On compte 7 orphelinats importants pour les garçons, autant dire quartiers d'hôpitaux, à part *Les Enfants-Rouges* (1536), *Les Enfants-Bleus* (1545), *L'Hospice des Orphelins ou de Ste-Marguerite* (1674), 16 Orphelinats de filles, entre autres *Les Cent-Filles Orphelines* (1623), *Le Jardin d'Olivet* (1626), *La Providence* (1644), *La Mère de Dieu* (1648), *L'Enfant Jésus* (1700), *Ste-Marguerite* (1733), etc., et

12 Maisons d'apprentissage : *La Maison de la charité chrétienne* (1576), devenue l'École de pharmacie, *Les Ateliers charitables de couture en linge* (1657), *La Chambre de travail* (1678), *Les Filles de Ste-Agnès* (1679) *et de Ste-Anne* (1685), *La Filature de St-Sulpice* et *La Maison de la dentelle noire* (1760), *Les Jeunes ouvrières indigentes* (1760), etc.

Les œuvres de relèvement consistent exclusivement en 10 Refuges de repenties : les maisons des *Filles-Dieu* (1225), des *Religieuses de St-Magloire* (1496), des *Madelonnettes* (1618), de *La Providence* (1630), du *Bon Secours* (1665), du *Bon Pasteur* (1686), des *Filles de Ste-Aure* (1687), de *Ste-Valère* (1688), du *Sauveur* (1699), des *Pénitentes de St-Michel* (1724).

Pour l'assistance à domicile, les philosophes et les économistes n'imaginèrent pas davantage des systèmes philanthropiques, disons mieux, des modes de secours tant soit peu mis en pratique. Il faudra distinguer, après le *Grand Bureau des Pauvres de la ville de Paris* (1544), les *Compagnies de Charité* et les *Confréries paroissiales*, probablement fondées dès les premiers siècles, les 20 *Maisons de Charité* des Filles de St-Vincent de Paul, primitivement nommées *Les Petites sœurs du Pot*, en raison des distributions organisées par Mme Legras (1633), *L'Œuvre de la visite des malades dans les hôpitaux* (1636), *La Communauté des Miramiones* (1660), les *Bureaux d'administration générale des charités* (1777), *La Maison philanthropique* (1780), les *Commissions* ou *Comités de bienfaisance* dans chacune des 33 paroisses de Paris (1791).

La liste des hôpitaux et léproseries est considérable. Depuis *l'Hospice des Pèlerins*, remontant au vi^e siècle, jusqu'à *l'Hôpital Beaujon* (1795), nous en trouvons 13 avant l'an 1200, 46 avant l'an 1500, 69 avant l'an 1700, 83 à la Révolution. Passants et pèlerins, lépreux et pestiférés, vénériens et teigneux, enfiévrés du feu ardent, enfants « gâtés », gens atteints des écrouelles, malades et convalescents, parvenaient à s'entasser en grand nombre dans ces asiles, où l'hygiène, on le soupçonne, était bien rudimentaire. Parmi ces institutions, beaucoup ont changé de nom, d'adresse, de spécialité, mais la chronologie que nous présentons est intéressante autant qu'instructive.

On remarquera dans la même série 5 petits *Dispensaires* à partir du xvie siècle, le *Bureau de consultations charitables* et le *Bureau général de placement* de Renaudot (1641), 4 *Cliniques gratuites* (1770). Les deux établissements de *Soupes populaires à la Rumfort* et l'œuvre de la *Marmite des pauvres* n'apparaîtront qu'en 1800 (*Œuvres diverses*).

En fait d'hospitalité de nuit, l'on n'avait, sous l'ancien régime, que l'*Hôpital St-Anastase* ou *St-Gervais* (1171), et l'*Hôpital Ste-Opportune* ou *Ste-Catherine* (1188). Les aveugles et les sourds-muets n'étaient recueillis qu'aux *Quinze-Vingts* (1254), à l'*École des jeunes aveugles* (1784), à l'*École des sourds-muets* (1760). Aux aliénés ou incurables étaient destinés 6 établissements : *Les Petites Maisons* (1557), *Les Incurables* (1634), *Charenton* (1641), *Bicêtre* (1656), *La Salpêtrière* (1656), et *L'Asile privé de Picpus* (1780). Au nombre des 18 Maisons de retraite pour les vieillards, on connaissait surtout *Ste-Madeleine* (1323), *St-Éloi* (1399), *Les Prêtres de St-François de Sales* (1698), quelques quartiers d'hôpitaux, *L'Hospice du St-Nom de Jésus* (1653), 4 Hospices de soldats estropiés ou invalides, entre autres *Les Invalides* (1674), *La Rochefoucauld* (1781), *Le Petit St-Chaumont* (1679), et 5 Maisons de pauvres veuves (1283 à 1775), au nombre desquelles l'*Hospice d'Étienne Haudry*, plus tard *Les Haudriettes*.

L'assistance par le travail se révélait uniquement par les *Chantiers et Ateliers publics pour les pauvres mendiants* et les *Ateliers de charité*, établis à plusieurs reprises par le

Prévôt des marchands, les *Magasins généraux de charité* (1652), et quelques timides essais dus à l'initiative privée : une *Filature de coton* (1762), des *Ateliers de broderie* (1777), des *Magasins de filasse* (1777), enfin la *Filature des indigents* avec ses 4 succursales (1790). Aux 10 *Ateliers privés de charité* fonctionnant en 1788 étaient venus s'ajouter 5 *Ateliers de secours* en 1790.

Si l'on passe maintenant aux œuvres diverses ne pouvant rentrer dans les cadres dont nous venons de parler, on remarque : les 3 *Maisons des Pères Trinitaires et de la Merci* pour l'hospitalité et la rédemption des captifs (1229 à 1515), une *Maison à logements gratuits* (1334), une œuvre de *Placement d'enfants abandonnés* (1703), un *Vestiaire de vieillards* (1799), un *Secrétariat des pauvres* (1708), une *Œuvre de prêt gratuit et de Pain de charité* (1775), un *Établissement de Secours des noyés* (1772), un *Patronage des petits ramoneurs*, avec ses cinq succursales (1732), 6 *Œuvres d'assistance des prisonniers* (depuis 1597), un *Bazar de modes au profit des pauvres* (1784), le *Mont de Piété* (1777), une *Caisse de prévoyance* (1793), 23 *Sociétés de secours mutuels*, dont la première, connue sous le vocable de *Ste-Anne*, date de 1674. Il faut mentionner encore les *Écoles de charité*, établies dans toutes les paroisses à partir de l'année 1357, et les 29 *Collèges des pauvres escholiers*, des XIIIe et XIVe siècles, institués par leurs fondateurs dans un but unique d'assistance. Enfin, terminons en disant que les *Prix de vertu* de M. de Montyon remontent à 1785.

Ouvrons maintenant le premier Manuel d'œuvres qui ait paru en France, l'*Annuaire de la Société philanthropique*, contenant l'indication des meilleurs moyens existant à Paris de soulager l'humanité souffrante et d'exercer utilement la bienfaisance. Il a été publié, nous l'avons dit, en 1819, et l'on n'y trouve mentionnées que 176 institutions d'assistance et de prévoyance. La Révolution a passé, faisant disparaître un grand nombre d'établissements séculaires. Les plus utiles, comme les hôpitaux et hospices, ont cependant traversé la tourmente, mais non sans subir d'importantes transformations. Dans le précieux Manuel dont nous parlons, on dit bien qu'il existe 50 *Écoles de charité* dans les 42 arrondissements, mais nous ne retrouvons plus qu'un seul *Orphelinat de garçons*, celui des *Enfants délaissés* (1803). Parmi les 10 *Orphelinats* et *Maisons d'éducation de jeunes filles* qui sont signalés, nous citerons : les *Maisons du Gros-Caillou* (1805), *de la Providence* (1814), *de St-Louis* (1817), *de la Légion d'honneur* (1809), *des Diaconesses de l'Église réformée* (1817), sans parler des *Maisons de charité des Filles de St-Vincent de Paul*, 4 *Écoles gratuites* de dessin, de menuiserie, de musique et de couture, 2 *Ateliers de couture* pour jeunes filles ou femmes sans ouvrage, des *Ateliers de bienfaisance à Chaillot* (1803), la *Maison de travail Ste-Marthe* (1817), un *Atelier d'apprentissage* pour les pauvres et orphelins (1809) : c'est tout ce qu'on peut découvrir en fait d'œuvres nouvelles d'assistance par le travail, la *Filature des indigents* n'ayant jamais cessé de fonctionner.

Au chapitre de l'assistance des mères et des jeunes enfants figurent *La Société de charité maternelle*, reconstituée en 1810, *La Maternité*, *L'Hospice des Enfants trouvés*, un *Bureau de vaccination gratuite* et une *Garderie d'enfants*.

A cette époque, l'Administration de l'Assistance publique a réorganisé ses Bureaux avec 12 Comités centraux et 48 Succursales (1801). Paris met au service des indigents 18 *Fourneaux de soupes populaires* et 6 *Dispensaires*, tous entretenus par les soins de la Société philanthropique, 20 *Maisons de secours des Filles de la Charité*, fondées au xvii° et au xviii° siècle, et 11 *Maisons de Charité* créées depuis dix-neuf ans, 12 *Bureaux de Charité* dépendant de l'Assistance publique et fonctionnant dans les Mairies, 10 *Hôpitaux* et 12 *Hospices publics* (alors qu'on en comptait 50 encore ouverts en 1789) : *La Pitié, La Charité, St-Antoine, Cochin, Beaujon, L'Enfant-Jésus, St-Louis, Le Val-de-Grâce*, etc. Les principaux asiles pour les vieillards et incurables sont *Les Quinze-Vingts, La Salpêtrière, Les Incurables, Bicêtre, Charenton, Les Ménages, Ste-Périne, Montrouge, La Providence, Marie-Thérèse*, les *Hospices Leprince* et *d'Enghien*.

Il faut compter enfin 21 *Maisons de santé privées*, la plupart payantes, pour malades et aliénés, un seul établissement de *Religieuses gardes-malades*, une *Œuvre d'assistance des indigents protestants* (1803), une autre dite *Comité de bienfaisance israélite* (1809), une œuvre de *Refuge pour les jeunes prisonniers* (1818), un *Service de secours aux asphyxiés et noyés* (1802), une Maison d'hospitalité, le *Chauffoir public de St-Roch*, ouvert seulement pendant le jour (1816).

Les Petites Sœurs des Pauvres et la *Société de St-Vincent de Paul*, ces deux plus belles floraisons de la charité chrétienne, sont encore inconnues ; les Ordres de Religieuses gardes-malades des pauvres ne s'établiront, comme elles, que beaucoup plus tard. *L'Œuvre des pauvres malades* ou *Confrérie de la Charité*, fondée en 1617, a été dissoute comme celle de *la Visite des malades dans les hôpitaux*, et ne s'est pas encore reconstituée. Seules ont reparu la plupart des anciennes *Confréries de la charité*, ou plutôt *Compagnies de charité de Dames*, fonctionnant dans toutes les paroisses avant la Révolution, pour l'assistance des indigents, la visite des malades, l'entretien des écoles de charité, etc.

Ainsi pas de crèches, pas d'écoles maternelles, pour ainsi dire pas d'écoles professionnelles. Pas d'asiles temporaires, de sociétés protectrices de l'enfance, d'œuvres de jeunesse, d'orphelins abandonnés, de libérés. Presque pas de patronages, d'ouvroirs, de maisons de famille, d'œuvres de prêt, de placement, de rapatriement, de vestiaires, de loyers; pas d'établissements d'hygiène publics et gratuits, ni de sociétés de sauvetage, ni d'ambulances urbaines. Rien n'a été tenté en fait d'œuvres d'hospitalité de nuit, de logements économiques, d'institutions de relèvement, sauf la restauration de quelques refuges de repenties. Rien non plus en fait d'hôpitaux spéciaux, ou d'œuvres d'assistance des aveugles, des sourds-muets et des aliénés. Pas de cliniques, d'hôpitaux marins, de sanatoria, d'asiles de convalescence. Encore moins d'institutions coopératives et patronales [1]. La *Caisse d'épargne* est née d'hier (1818), mais la mutualité est chose toute nouvelle, car les Sociétés de prévoyance et de secours mutuels commencent seulement à fonctionner, et tendent, il faut en convenir, à se développer très vite, puisque, en 1819, on en compte déjà plus de 80. Signalons parmi celles-ci *L'Association fraternelle des chevaliers de St-Louis et du Mérite militaire*, avec sa Maison de retraite de veuves (1816).

Comme société de propagande et d'encouragement au bien, la *Société philanthropique* doit seule être mentionnée. Reconstituée en 1801, elle ne cesse, dès cette époque, de faire sentir son action et d'étendre son influence. La première, elle établit des dispensaires avec secours gratuits; la première aussi, elle installe, dans les plus pauvres quartiers de Paris, des Fourneaux de soupes économiques, et en entretient 35 à la fois en 1812. Elle étudie avec le plus grand zèle les problèmes de la misère, provoque ou encourage toutes les initiatives en matière de bienfaisance, aide Haüy à fonder son Institut des jeunes aveugles, subventionne la Société de charité maternelle, l'Orphelinat des enfants délaissés, les Écoles de

---

1. Aujourd'hui les institutions patronales des Compagnies de chemins de fer correspondent à plus du tiers du dividende des actionnaires.

charité, etc. Ce n'est qu'en 1822 que l'on verra la *Société de la morale chrétienne*, aujourd'hui disparue, tenter de devenir un Office d'assistance, une sorte de Bureau des œuvres de bienfaisance privée, avec ses Comités divers de Placement de jeunes orphelins, de Charité et de Bienfaisance, des Prisons, d'Abolition de l'esclavage, ses rapports imprimés sur les institutions d'ordre charitable, ses vœux soumis à l'examen des pouvoirs publics.

Combien diffère le tableau des œuvres de bienfaisance fonctionnant en 1900 dans la ville de Paris et dans sa banlieue! Si nous récapitulons la statistique de ces institutions, nous constatons l'existence de 2,696 œuvres d'assistance publique et privée, et de 1,079 œuvres de prévoyance, soit au total 3,775 œuvres.

Parmi les plus importantes, il convient de signaler :

34 Sociétés de propagande et d'encouragement au bien,
27 Secrétariats du peuple,
30 Œuvres maternelles,
96 Crèches,
369 Écoles maternelles,
10 Asiles temporaires d'enfants,
29 Institutions ou sociétés protectrices de l'enfance,
148 Orphelinats,
95 Écoles professionnelles,
280 Patronages,
10 Sociétés de patronage de libérés,
66 Œuvres de préservation, de correction et de relèvement,
857 Sociétés de secours mutuels (en 1897),
46 Œuvres d'assistance des étrangers,
10 Fondations d'habitations économiques,
10 Asiles de nuit,
96 Bureaux de bienfaisance,
148 Maisons de secours ou de charité libres,

226 Conférences de St-Vincent de Paul,
184 Dispensaires,
115 Fourneaux et Soupes populaires,
 60 Œuvres de secours aux indigents,
 26 Œuvres d'assistance de militaires et de marins,
 20 Œuvres en faveur des blessés et noyés,
 62 Institutions d'assistance par le travail,
 75 Œuvres de placement et de rapatriement,
 15 Asiles de convalescence,
 40 Œuvres d'assistance des pauvres malades,
 59 Hôpitaux et cliniques,
 60 Asiles d'incurables, aveugles, sourds-muets et aliénés,
 76 Maisons de santé et de retraite,
103 Asiles pour les vieillards.

Pour dresser un tel inventaire, personne n'était mieux qualifié que l'*Office central des œuvres de bienfaisance*, cette « œuvre des œuvres », comme l'a parfois désigné son éminent Président, M. le marquis de Vogüé, Membre de l'Institut. Nul ne pouvait établir, avec de plus sûrs moyens d'information et de contrôle, ce recensement méthodique de la charité publique et privée. Tous les établissements laïques ou religieux d'assistance, à Paris et dans les Départements, ont fait l'objet de ses enquêtes; tout ce qui, de près ou de loin, pouvait intéresser leur origine, leur but, leur développement, leurs ressources, leurs besoins, leurs hauts patronages, a attiré son attention et a été soumis à son examen. Un homme d'une compétence et d'une modestie rares, d'une impartialité égale au dévouement pour toutes les institutions philanthropiques et charitables — il s'est ému du juste hommage que nous voulions lui rendre en mentionnant son nom — a dirigé ce laborieux travail, n'a pas cessé de le compléter tous les jours, et le premier nous a montré le tableau le plus fidèle qui ait été dressé de la charité moderne. En effet, ses enquêtes ont été publiées par les soins de l'Office central, sous le titre de :

La France charitable et prévoyante, comprenant 90 fascicules départementaux et un Répertoire;

Paris charitable et prévoyant, Œuvres et Institutions du département de la Seine (Paris, Plon et Nourrit, éditeurs, 10, rue Garancière).

C'est dans ce dernier ouvrage que nous avons puisé, pour la plus grande partie, les éléments nécessaires à la chronologie des institutions parisiennes au xixᵉ siècle. Toutes les œuvres disparues, dont nous avons çà et là retrouvé la trace, toutes celles dont la création est postérieure au volume publié par l'Office central, ont trouvé naturellement leur place dans ces statistiques.

Faire connaître les œuvres, c'est les servir. Propager le bien, c'est consolider son action, son influence, peut-être aussi confondre les sceptiques ou troubler les mondains dont la vie tout entière s'écoule en agitations stériles. En tout cas, c'est combattre le fléau de notre temps, le découragement. Aussi, bien que *Paris charitable et prévoyant* réponde avec ampleur aux besoins de tous ceux qui désirent consulter un guide, pour apprécier selon leurs vues une fondation quelconque de bienfaisance, a-t-on pensé que ce petit livre pourrait encore être utile, encourager les gens de bien, édifier, sinon instruire.

Combien peu connaissent, en effet, ce prodigieux développement de la charité à Paris! Combien d'institutions nécessaires, indispensables, demeurent ainsi privées de sympathies encourageantes et de concours généreux! Jusqu'à ces dernières années, il manquait encore un organe régulateur de la philanthropie, « un centre commun à cet admirable réseau d'œuvres qui couvre la capitale, un cœur dont les impulsions porteraient partout l'activité et la vie »[1]. Cette lacune a été

---

[1]. Discours de M. le marquis de Vogüé, le 21 mai 1892.

comblée par l'Office central des œuvres de bienfaisance, reconnu d'utilité publique par Décret du 8 juin 1896.

S'inspirant des *Charity organisation Societies* établies à Londres et à New-York, et du Bureau central de bienfaisance de Genève, M. Léon Lefébure, ancien Député de Paris, parvint à réaliser, en 1890, un dessein longtemps mûri par une expérience consommée des besoins des pauvres[1]. Rapprocher les bienfaiteurs et les indigents de tout culte qui se cherchent sans se connaître, indiquer aux uns et aux autres les œuvres auxquelles ils ont besoin de recourir, servir de lien entre toutes ces œuvres et d'intermédiaire entre elles et le public, ouvrir aux donateurs un compte-courant de charité par le moyen duquel le secours peut suivre l'enquête, pratiquer dans la plus large mesure l'assistance par le travail, faciliter tous les efforts de l'initiative privée dans l'ordre de la bienfaisance, pour les rendre plus efficaces, et centupler ainsi les forces de la charité : tel est le but poursuivi, depuis dix années, par l'Office central de Paris, « ce rouage social indispensable dans une société comme la nôtre »[2].

Veut-on connaître aujourd'hui ses services? Depuis sa fondation jusqu'au 1er janvier 1900, l'Office est intervenu efficacement au profit de 151,641 malheureux se répartissant ainsi : 46,295 personnes recommandées à l'Assistance publique ou aux œuvres de bienfaisance privée, — 6,903 secourues sous forme d'avances au travail, — 31,857 auxquelles ont été procurés ou distribués des secours, — 3,598 auxquelles des emplois ont été procurés ou indiqués, — 5,816 auxquelles ont été procurés des travaux de couture ou d'écriture, — 5,785 bienfaiteurs auxquels ont été adressés des rapports

---

1. Voir *L'Organisation de la charité privée en France. Histoire d'une œuvre*, par M. Léon Lefébure (Paris, Firmin-Didot, 1900).
2. Discours de M. le comte d'Haussonville, le 5 juin 1899.

détaillés sur les œuvres en vue de fondations, subventions,
legs, etc., — 31,499 solliciteurs ayant fait l'objet d'enquêtes,
— 4,442 enfants placés dans les orphelinats, maisons de
préservation ou de correction, — 2,811 vieillards placés dans
les asiles ou maisons de retraite, — 12,635 personnes rapa-
triées où elles étaient assurées de trouver de quoi vivre.

L'*Œuvre de l'hospitalité du travail*, qui concourt au
fonctionnement de l'Office central, et dont une des branches,
la Maison de travail pour les hommes, a été créée sur son
initiative, a reçu 9,785 hommes et 46,025 femmes. Elle a
procuré, en outre, à 5,310 mères de famille des travaux de
couture exécutés à domicile.

En voyant ses espérances si largement réalisées, l'ambition
de M. Lefébure n'était pas encore satisfaite. Pour combattre
le fléau de la mendicité professionnelle, et régulariser l'exer-
cice de la charité dans toute la France, il a voulu propager
des Offices régionaux dans les grandes villes et les mettre en
correspondance avec l'Office de Paris. L'exemple était trop
bien donné pour n'être par rapidement suivi, et c'est ainsi que
l'on a vu fonctionner successivement :

L'Office central d'assistance, à Marseille (1891),

L'Office central de la charité bordelaise, à Bordeaux (1892),

L'Union d'assistance, à Pau (1892),

Le Bureau central de renseignements de bienfaisance, à
Lyon (1895),

L'Office central lillois des institutions sociales et charitables,
à Lille (1895),

L'Office central des œuvres sociales et charitables, à Roubaix (1897),

La succursale de l'Office de Roubaix, à Tourcoing
(1898),

L'Office central des œuvres de bienfaisance, à Clermont-
Ferrand (1899),

L'Office central nancéen des œuvres de bienfaisance, à Nancy (1899).

N'est-il pas permis d'espérer qu'après une entente commune entre plusieurs Départements, déjà reliés par des intérêts communs, ces Offices régionaux, ces Bureaux de propagande et d'assistance privée se multiplieront, de manière à desservir toutes les provinces, et à concentrer tous les efforts dans un même combat contre la misère? Une telle organisation, en respectant la complète autonomie des œuvres, assurerait une meilleure répartition de leurs ressources. La méthode, l'association et l'harmonie rendraient certainement leur action plus féconde. Vingt institutions du même genre seraient suffisantes pour atteindre le but unanimement désiré : informations et services échangés entre les pauvres et les œuvres, recensement de tous les indigents tenu constamment à jour — l'Office central de Paris a déjà 35,000 dossiers —, spéculateurs de la compassion d'autrui démasqués et mis à l'index, bénéfices assurés à l'intelligente aumône, assistance par le travail organisée partout pour les valides, ressources centralisées pour les invalides, dans chaque région où ils se trouvent. Parmi tant d'innovations dont nous allons donner le consolant spectacle, il n'en est point qui réponde davantage aux nécessités présentes, ni dont les progrès soient plus manifestes. Appelons donc de tous nos vœux, avec M. Lefébure, la diffusion des Offices régionaux, ces dévoués et puissants auxiliaires de la paix sociale.

Le dernier mot, hélas! du problème de la souffrance ne sera jamais dit. L'ingénieuse bienfaisance, qui découvrit déjà tant de remèdes, pourra sans doute en trouver beaucoup d'autres, sans arriver à tarir la source des misères humaines. Mais ce sera l'honneur de notre époque d'avoir su non seulement *donner* avec prodigalité, mais encore mettre en pratique et perfectionner l'*art de bien donner*. Les générations présentes, en dépit de l'apparente atrophie de leur volonté, des témoignages de leur esprit frivole, des symptômes de leur scepticisme, n'ont été surpassées, à ce point de vue, dans aucun temps et dans aucun pays. Aussi, devançant le jour des récompenses éternelles, l'Histoire saluera respectueusement ces légions de pionniers de la Charité, fondateurs et bienfaiteurs de tous rangs et de tous cultes, initiateurs et apôtres, qu'inspira si passionnément l'amour du prochain.

EUGÈNE PLANTET,

**Membre du Conseil d'administration de l'Office
central des œuvres de bienfaisance.**

Paris, 1er mai 1900.

Principales

Œuvres charitables

de Paris

avant le XIXe siècle

❦❦❦

I

ŒUVRES MATERNELLES

1517. **Maison de la Couche ou des Enfants trouvés,**
Dépendance du Chapitre de Notre-Dame, successivement dans une ruelle du port St-Landry, au faubourg St-Victor, dans l'enclos St-Laurent, au château
de Bicêtre et de nouveau enclos St-Laurent.

1640. **Compagnie des Dames et des Filles de la Charité**
(de St-Vincent de Paul), pour prendre soin des
enfants trouvés, dans l'ancienne *Maison de la
Couche*, au port St-Landry.

1656. **Hospice des femmes enceintes**, dans l'*Hôpital
Sainte-Marthe de Scipion*, place Scipion, rue de
la Barre, au faubourg St-Marcel.

1656. **Hôpital Saint-Denis de la Salpêtrière**, *Quartier
de la Crèche*, au faubourg St-Victor (aujourd'hui
boulevard de l'Hôpital).

1670. **Hôpital Sainte-Élisabeth** ou **des Enfants-Trouvés** (Fondation de St-Vincent de Paul et de Mme Legras, et Transformation de la *Maison de la Couche*), appelé pendant la Révolution *Hospice des enfants de la Patrie*, rue Neuve-Notre-Dame, puis dans l'Institut de l'Oratoire, rue d'Enfer.

1676. **Confrérie de la Passion et de la Résurrection de Notre-Seigneur** (pour l'assistance des enfants trouvés).

1715. **Établissement de quatre bureaux de Recommandaresses pour les nourrices**, Asile temporaire d'enfants, près l'Hôtel de ville.

1769. **Bureau des Nourrices**, rue Ste-Apolline.

1784. **Société de charité maternelle** (Fondation de la reine Marie-Antoinette et de Mme de Fougeret), rue Coq-Héron, puis rue de Lubeck.

1785. **Prix** donné par le Lieutenant de police Lenoir à la meilleure nourrice.

1794. **Hospice de la Maternité**, au Couvent du Val-de-Grâce, puis rue de la Bourbe, au Couvent de Port-Royal (aujourd'hui boulevard Port-Royal).

1800. **Première École maternelle** ou **Salle d'asile**, rue Verte, au faubourg St-Honoré.

II

ORPHELINATS DE GARÇONS

1363. **Hôpital du Saint-Esprit** (Asile de garçons et filles), rue de l'Arbre-Sec, puis place de Grève, près l'Hôtel de Ville.

1536. **Hôpital des Enfants-Dieu** ou **des Enfants-Rouges** (Asile de garçons et filles), rue Portefoin, au Marais.

1545. **Hôpital de la Trinité** ou **des Enfants-Bleus** (Asile de garçons et filles), dans l'ancien *Hôpital de la Trinité* (Pélerins et passants), au coin des rues St-Denis et Grenéta.

1612. **Quartier de la Petite-Pitié**, à la *Pitié*, appelé pendant la Révolution *Hospice des élèves de la Patrie* (Asile de garçons), rue St-Victor, près la rue Copeau.

1674. **Hospice Sainte-Marguerite** ou des Orphelins (Division de la *Maison de la Couche*), au faubourg St-Antoine.

1773. **École d'orphelins fils de militaires**, rue de Sèvres, puis dans le Couvent des Célestins.

1784. **Hospice de la Paroisse du Roule**, plus tard *Hospice Beaujon* (Asile de garçons et filles), rue du Faubourg St-Honoré.

III

ORPHELINATS DE FILLES

1613. **Maison des Filles de la Trinité** (Instruction et Placement d'orphelines), rue St-Antoine, puis rue de Reuilly.

1623. **Maison de Notre-Dame de la Miséricorde** ou des **Cent-Filles orphelines**, vieille rue St-Jacques, auprès de la Croix-Clamart, au faubourg St-Victor, puis rue Censier, faubourg St-Marcel.

1626. **Maison dite « le Jardin d'Olivet »** (Instruction des filles pauvres), rue de Sèvres.

1632. **Maison des Filles de la Croix** (Instruction, Patronage et Placement d'orphelines pauvres), près St-Eustache, puis rues Matignon et de Charonne.

1635. **Orphelinat de la Paroisse Saint-Merri**, rue du Cloître-St-Merri.

1641. **Communauté des Hospitalières de Saint-Joseph,** dites **de la Providence :**

  1ᵉʳ établissement, rue St-Dominique, près du Couvent de Bellechasse,

  2ᵉ   —   île Notre-Dame,

  3ᵉ   —   à la Ville-Neuve, faubg St-Denis.

1648. **Orphelinat de la Paroisse Saint-Sulpice,** dit **de la Mère de Dieu** (Garçons et filles), rue du Vieux-Colombier.

1655. **Communauté des Filles de la Petite Union chrétienne** (Fondation de Mˡˡᵉ de Lamoignon), Asile et Placement de filles pauvres, à Charonne, puis à l'hôtel du Petit St-Chaumont, rue de la Lune.

1656. **Hôpital Saint-Denis de la Salpêtrière** (quartiers Ste-Marthe et Ste-Claire), au faubourg St-Victor.

1667. **Communauté des Dames de St-Maur** ou **de l'Instruction charitable** (Instruction, Patronage et Placement d'orphelines pauvres), sur la Paroisse St-Jean-en-Grève, puis rue du Pot-de-Fer-St-Sulpice.

1681. **Communauté de Sainte-Marguerite** (Éducation des filles pauvres de la Paroisse St-Paul), rue St-Bernard.

1700. **Communauté des orphelines du Saint-Nom de Jésus,** dites depuis **du Saint-Enfant Jésus et de la Mère de pureté,** au cul-de-sac des Vignes, rue des Postes, puis rue Rataud.

1717. **Communauté des Filles de Sainte-Marthe** (Instruction et Placement d'orphelines), rue St-Antoine, dans la maison des Filles de la Trinité, dite Pavillon Adam, puis rue de la Muette.

1732. **Maison de l'Enfant Jésus** (Fondation de la reine Marie Leczinska), appelée pendant la Révolution *Hospice des Orphelines,* et devenu l'*Hôpital des Enfants-Malades,* rue de Sèvres.

1733. **Orphelinat Sainte-Marguerite,** rue Basfroi.

ᴠᴠᴵᴵᵉ et ᴠᴠᴵᴵᴵᵉ siècles. **Maisons de charité des Filles de la charité** (Voir au chapitre *Assistance à domicile*).

IV

APPRENTISSAGE

1551. **Ateliers d'apprentissage,** dans les *Hôpitaux de la Trinité* et du *St-Esprit*.

1576. **Maison de la charité chrétienne** (pour instruire des enfants orphelins dans l'état d'apothicaire), devenue l'École de pharmacie, dans l'*Hôpital des Enfants-Rouges*, puis dans la *Léproserie Sainte-Valère*, rue de Lourcine.

1656. **Ateliers de toiles et de tapis pour les enfants,** dépendant de l'*Hôpital Général*, à la Savonnerie de Chaillot.

1657. **Ateliers charitables de couture en linge,** chez les Sœurs de St-Maur ou de l'Instruction charitable, Paroisse St-Jean-en-Grève, puis rue du Pot-de-Fer-St-Sulpice.

Id. **Communauté des Filles de l'Instruction** (pour instruire de pauvres filles et leur apprendre à gagner leur vie), rue Gindre.

1678. **Chambre de travail** (Fondation de Mme de Miramion), pour les filles pauvres de la Paroisse St-Paul.

1679. **Maison des Filles séculières de Sainte-Agnès,** rue Plâtrière, près St-Eustache.

1685. **École et Ouvroir des Filles de Sainte-Anne,** rue St-Roch.

Vers 1760. **Filature des soies-galettes de la Paroisse Saint-Sulpice** (Maison d'apprentissage de garçons et Orphelinat), rue des Vieilles-Tuileries, près la barrière du Petit-Vaugirard.

Id. **Maison de la Dentelle noire** (Jeunes filles), rue St-Placide.

1760. **Communauté des jeunes ouvrières indigentes**, rue St-Antoine, Paroisse St-Paul.

1766. **École royale gratuite de dessin**, rue des Cordeliers.

1800. **Écoles professionnelles gratuites de dessin**, rue de l'École-de-Médecine et rue de Touraine, au faubourg St-Germain.

Id. **École gratuite de musique vocale**, rue du Regard.

xviiiᵉ siècle. **Ouvroirs**, dans la plupart des Communautés religieuses d'éducation des filles pauvres.

V

ŒUVRES DE RELÈVEMENT

1225. **Hôpital des Filles-Dieu**, Chaussée St-Denis, hors la porte de Paris, puis dans l'*Hôpital de Sainte-Madeleine*, rue St-Denis (aujourd'hui emplacement du passage du Caire).

1496. **Refuge des Filles repenties**, appelées depuis **des Religieuses de Saint-Magloire**, dans l'hôtel d'Orléans, près St-Eustache, puis au Couvent des Bénédictins de St-Magloire, rue St-Denis.

1618. **Maison des Filles de Sainte-Madeleine** ou **Madelonnettes**, successivement faubourg St-Honoré, près la Croix-Rouge, et rue des Fontaines, quartier du Temple.

1630. **Séminaire de la Providence pour les filles repenties** (Fondation de Mᵐᵉ de Pollalion), successivement à Fontenay, à Charonne, et dans l'ancien *Hôpital de la Santé*, rue de l'Arbalète.

1665. **Refuge** ou **Hôpital du Bon-Secours** (Fondation de Mᵐᵉˢ de Miramion et d'Aiguillon), depuis **Sainte-Pélagie**, à la *Pitié*, puis dans l'hôtel Jaume, rue de la Clef, rue Françoise et rue Copeau, faubg St-Marcel.

1686. **Refuge du Bon-Pasteur**, rue du Cherche-Midi.

1687. **Communauté des Filles de Saint-Théodore**, dite de **Sainte-Aure**, rue des Poules, faubourg St-Marcel, puis rue Neuve-Ste-Geneviève.

1688. **Communauté des Filles pénitentes de Sainte-Valère**, rue de Grenelle-St-Germain.

1699. **Communauté des Filles pénitentes du Sauveur**, rue de Vendôme, quartier du Temple.

1724. **Maison de pénitentes des Sœurs de la Charité de Guingamp**, dite **Maison de Saint-Michel**, rue des Postes, près la rue de l'Arbalète, puis dans l'Abbaye de *Ste-Périne* de la Villette.

VI

ASSISTANCE A DOMICILE DES PAUVRES ET DES MALADES

1095. **Confrérie de St-Antoine de Vienne**, pour guérir le mal des Ardents.

1325. **Confrérie du St-Sépulchre**, pour secourir les pèlerins d'outre-mer.

1360. **Confrérie du St-Esprit** pour secourir et recueillir les orphelins des deux sexes, à l'*Hôpital du St-Esprit.*

1362. **Confrérie** pour secourir les femmes, les enfants, les pauvres honteux et les convalescents sortant de l'Hôtel-Dieu, à la chapelle de l'Hôtel-Dieu.

1543. **Confrérie des pauvres** pour recueillir les secours.

1544. **Grand Bureau des pauvres de la Ville de Paris** (institué par François Ier), à l'Hôtel de Ville, puis rue de la Chaise.

1600. **Communauté des Dames Augustines** (Soins gratuits à domicile) rue Plumet, actuellement rue Oudinot.

1602. **Communauté des Frères de St-Jean de Dieu** (installée par la reine Marie de Médicis), rue des Petits-Augustins, puis à l'*Hôpital de la Charité*.

1617. **Confrérie des Dames de Charité** (Fondation de St-Vincent-de-Paul), à la Maison actuelle des Lazaristes, rue de Sèvres.

1618. **Maison de Notre-Dame des Vertus, Bastiment de charité des gens de bien de Paris,** au faubourg St-Martin.

1629. **Confréries des Servantes et des Gardes des pauvres ou des Sœurs Grises de la Charité de la Paroisse Saint-Sauveur** (Fondation de Mme Legras), rue Pavée-au-Marais.

1629. **Compagnie de Notre-Dame de Bon-Secours pour le soulagement et l'assistance des pauvres honteux malades,** à la Paroisse St-Eustache.

1633. **Première Maison des Filles de la Charité** (Fondation de Mme Legras), successivement dans la Paroisse St-Nicolas-du-Chardonnet, à La Chapelle, et près de St-Lazare, au faubourg St-Denis.

Id. **Distributions de bouillon à domicile** (organisées par Mme Legras), par les Filles de la Charité appelées à l'origine *Les Petites Sœurs du Pot.*

1636. **Œuvre de la Visite des malades dans les hôpitaux** (Fondation de St-Vincent-de-Paul), actuellement rue Notre-Dame-des-Champs.

Id. **Communauté des Filles de Sainte-Geneviève** (Enseignement de filles pauvres et Visite des malades), carré St-Étienne-des-Grès, près le Collège de l'*Ave Maria.*

1643. **Maison de charité des Filles de la Charité,** rue du Terrage.

1645. **Confrérie royale et patronale de St-Eustache et de Ste-Agnès en faveur des orphelins,** à la Paroisse St-Eustache.

Id. **Confrérie charitable des cordonniers pour l'assis-**

tance et l'instruction des indigents, à l'*Hôpital St-Gervais*.

1647.   **Confrérie des tailleurs** (même objet).

1651.   **Compagnie de charité de la Paroisse Saint-Sulpice pour le soulagement des pauvres honteux**, au Presbytère de St-Sulpice.

1655.   **Compagnie de charité de Messieurs** dite **du Saint-Nom de Jésus**, à la Paroisse St-Paul.

1656.   **Compagnie de charité de Dames pour le soulagement des pauvres malades**, à la Paroisse St-Germain-l'Auxerrois.

Id.   **Maison de charité des Filles de la Charité**, rue Poulletier.

Id.   **Compagnie de charité des Messieurs pour le soulagement des pauvres honteux malades et l'entretien des écoles**, à la Paroisse St-Germain-l'Auxerrois.

1660.   **Communauté de la Sainte-Famille ou des Miramiones** (Enseignement de filles pauvres et Visite des malades), rue St-Antoine, réunie plus tard à celles des *Filles de Sainte-Geneviève*, quai de la Tournelle.

Maisons de charité des Filles de la Charité,

Id.   — à St-Mandé,

1669.   — à St-Maurice,

1670.   — rue d'Assas.

Id.   **Compagnie de charité** dite **des Quinze-Vingts pour le rétablissement des pauvres honteux valides**, à la Paroisse St-Eustache.

1671.   **Secours aux indigents irlandais**, au Collège des Irlandais, rue des Irlandais.

Avant 1674.   **Compagnie de charité de Dames pour les pauvres malades**, à la Paroisse St-Louis-en-l'Isle.

1674.   **Maisons de charité des Filles de la Charité**, rue Martre, à Clichy,

1676.   — à l'Hôtel des Invalides.

1678.   **Confrérie de charité**, à la Paroisse St-Martial.

1682.   **Compagnie de charité de Messieurs pour le sou-
             lagement des pauvres honteux**, à la Paroisse
             St-Louis-en-l'Isle.

xviie siècle. **Maisons de charité des Filles de la Charité**,

Id.   —   rue des Guillemites,

Id.   —   rue de Monceau.

1700.   **Assemblée de charité de Messieurs pour le soulage-
             ment des pauvres honteux et pour l'entretien
             des écoles**, à la Paroisse St-Gervais.

1712.   **Maisons de charité des Filles de la Charité**, rue
             Parmentier, à Ivry,

1713.   —   rue du Cloître-St-Merri,

1720.   —   rue de la Ville-l'Évêque,

Id.   —   rue du Marché-St-Honoré (Dispensaire
             annexé).

1723.   **Orphelinat, Asile de vieillards et Maison de
             charité des Filles de la Charité**, Grande-Rue,
             à Stains.

1733.   **Orphelinat Ste-Marguerite et Maison de charité
             des Filles de la Charité**, rue Basfroi.

1735.   **Maison de charité des Filles de la Charité**, rue
             du Fauconnier.

1754.   **Compagnie de charité de Dames**, à la Paroisse
             St-Séverin.

1760.   **Maison d'association pour les malades**, à l'hôtel
             de Conti.

1761.   **Œuvre dite Charité des pauvres honteux et
             malades**, au Presbytère de la Paroisse St-Côme-et-
             St-Damien.

Avant 1765. **Confrérie de charité de Saint-Charles Borromée**,
             à la Paroisse St-Jacques-de-la-Boucherie.

Avant 1777. **Quatre Bureaux d'administration générale des
             charités**, à la Paroisse St-Sulpice.
             Vestiaire, Pharmacie et Marmite à bouillon
             annexés, rue Férou.

1778.   **Maison de charité des Filles de la Charité** (Dispensaire annexé), rue de Vaugirard.

1780.   **Maison philanthropique** (Fourneaux, Dispensaires, etc.), au Couvent des Grands-Augustins, rue du Bouloi, puis successivement rues des Filles-St-Thomas, des Petits-Augustins, de Paradis, du Grand-Chantier, de St-Honoré, d'Orléans-St-Honoré, enfin rue des Bons-Enfants.

1782.   **Maison de charité des Filles de la Charité**, rue Nicole.

Avant 1789.   **Compagnies de charité de Messieurs et de Dames**, dans toutes les autres Paroisses de Paris (Médecins et chirurgiens des pauvres attachés à chacune d'elles).

XVIIIᵉ siècle.   **Communauté des Sœurs hospitalières de St-Camille** (Gardes-malades des pauvres à domicile), rue Notre-Dame-des-Champs.

Id.   **Association de Dames de charité et Ateliers de couture**, à la Paroisse de la Madeleine.

1791.   **Commission municipale de bienfaisance**, à l'Hôtel de Ville.

Id.   **Commissions provisoires de bienfaisance**, auprès des 33 Paroisses de Paris.

1792.   **Maison de charité des Filles de la Charité**, rue Geoffroy-St-Hilaire.

1796.   **Comités de bienfaisance**, dans chacune des 48 sections de Paris.

Id.   **Bureau central de bienfaisance**, à l'Hôtel de Ville.

1799.   **Société en faveur des vieillards pour leur distribuer des vêtements**.

VII

HOPITAUX

vi^e siècle. **Hospice des Pèlerins,** à St-Julien-le-Pauvre, près la rue Galande.

620. **Hôpital Saint-Josse,** rue Beaubourg, au nord de Paris.

651. **Hôtel-Dieu,** d'abord appelé *Hôpital Saint-Christophe,* et pendant la Révolution *Grand Hôpital de l'Humanité,* place du Parvis-Notre-Dame.

Avant 849. **Hôpital des pauvres,** dans l'Abbaye de St-Denis.

xie siècle. **Hospice Saint-Nicolas** (Pèlerins), au Prieuré de St-Martin-des-Champs, rue St-Martin.

Avant 1124. **Léproserie Saint-Lazare** (cédée à St-Vincent-de-Paul), rue du Faubourg-St-Denis.

Avant 1138. **Aumône Saint-Benoît,** depuis **Hôpital Saint-Mathurin** (Passants), près des Thermes, rue St-Jacques.

Avant 1161. **Léproserie de la Saussaie,** à Chevilly-la-Rue, près Villejuif.

1171. **Hôpital Saint-Anastase,** depuis **Saint-Gervais** (Hospitalité de nuit pour hommes), au coin des rues de la Vieille-Tixeranderie et Vieille-du-Temple.

Avant 1188. **Hôpital Sainte-Opportune,** depuis **Sainte-Catherine** (Hospitalité de nuit pour femmes), au coin des rues St-Denis et de la Pourpointerie (aujourd'hui rue des Lombards).

Avant 1195. **Léproserie Sainte-Madeleine,** à Fontenay-sous-Bois.

1198. **Hôpital Saint-Antoine-des-Champs** (Malades du feu ardent), au faubourg St-Antoine.

Vers 1200. **Léproserie Saint-Jacques et Saint-Philippe du Roule** (Fondation de Philippe-le-Bel), au coin des

rues du Faubourg-St-Honoré, de la Ville-l'Évêque
et des Porcherons.

1202. **Hôpital de la Croix-de-la-Reine, ou de la Trinité** (Pèlerins et passants), rue St-Denis.

Avant 1203. **Maison-Dieu Saint-Jacques**, à la porte St-Denis.

1209. **Hôpital Saint-Jacques**, rue St-Jacques (devenu Couvent des Dominicains).

Avant 1220. **Léproserie de la Banlieue**, route de Bourg-la-Reine, à Arcueil.

Avant 1222. **Hospice de pauvres**, dans l'Abbaye du Val-des-Écholiers.

Avant 1227. **Léproserie du Tuilay**, à Pantin.

Id. **Léproserie de Champourri**, près d'Aubervilliers.

Avant 1231. **Léproserie Saint-Lazare**, à Saint-Denis.

Avant 1233. **Maison-Dieu Saint-Marcel**, au faubourg St-Marcel.

Avant 1248. **Maladrerie** puis **Léproserie du Bourg-Saint-Germain**, rue de Sèvres, devenue plus tard les *Petites Maisons* (emplacement actuel du square du Bon-Marché).

Avant 1265. **Maison-Dieu du Pont de Charenton**, à Charenton.

1280. **Léproserie Saint-Martial et Sainte-Valère** ou **Maison-Dieu de Lourcine**, plus tard *Maison de la Charité chrétienne*, rue de Lourcine.

1286. **Hôpital Saint-Jacques du Haut-Pas**, rue St-Jacques (à l'emplacement de l'église actuelle).

1297. **Maison-Dieu Jean l'Escuellier.**

xiiie siècle. **Léproserie des Fossés**, à l'entrée du bois de Vincennes, près St-Maur.

Id. **Léproserie de Romainville.**

Id. **Léproserie du Bourget.**

Id. **Léproserie Saint-Marc**, entre Épinay-sur-Seine et Saint-Brice.

Id. **Léproserie du Pont de Charenton**, à Charenton.

Id. **Léproserie de Clamart.**

Id. **Léproserie de Stains.**

Avant 1301. **Maison-Dieu des pauvres des Apôtres.**

Avant 1302. **Maison-Dieu la Chaussée**, à la Chaussée.

1316. **Hôpital de Sainte-Madeleine** ou **d'Imbert de Lyons** (Pèlerins et passants), à la Chaussée-St-Denis.

1319. **Hôpital Saint-Jacques-aux-Pèlerins**, au coin des rues St-Denis et Mauconseil.

1325. **Hôpital du Saint-Sépulchre** (Pèlerins), rue St-Denis.

1330. **Hôpital Saint-Julien des Ménestriers**, au coin des rues St-Martin et des Petits-Champs.

1348. **Maison-Dieu d'Arnoul Braque,** au coin de la rue de Braque et de la rue du Chaume (rue des Archives).

Avant 1351. **Maison-Dieu**, à Notre-Dame-des-Champs.

1360. **Hôpital Saint-Antoine de Viennois**, dit **le Petit Saint-Antoine**, rue St-Antoine.

1363. **Hôpital du Saint-Esprit**, rue de l'Arbre-Sec, puis place de Grève.

Avant 1407. **Léproserie de la Porte Saint-Antoine.**

1496. **Granges aux malades de Naples** (Vénériens), à l'angle des rues de Sèvres et du St-Sépulchre (rue du Dragon).

1556. **Hôpital du Sanitat** (Maladies contagieuses), dans la plaine de Grenelle, près du pont des Tuileries.

1576. **Hôpital des Cinq-Plaies** (Malades des écrouelles), dans l'hôtel Gaillon, faubourg St-Honoré (emplacement actuel de l'église Saint-Roch), puis au faubourg St-Jacques.

1579. **Hôpital Sainte-Reine** ou **des Teigneux**, annexe des *Petites Maisons*, rue de la Chaise.

1602. **Hôpital de la Charité** (Fondation de la reine Marie de Médicis), appelé pendant la Révolution *Hôpital de l'Unité*, rue des Petits-Augustins, puis rue des Sts-Pères et rue Jacob.

1606. **Maison de la Santé** (Fondation de la reine Anne d'Autriche), depuis *Hôpital Sainte-Anne* (Pestiférés), rue de l'Arbalète, faubourg St-Marcel, puis hors Paris, près la rivière des Gobelins, entre les faubourgs St-Jacques et St-Marcel (actuellement rue de la Santé).

1607. **Hôpital Saint-Louis** (Fondé par Henri IV), appelé pendant la Révolution *Hôpital du Nord*, entre les faubourgs du Temple et St-Laurent.

1612. **Hôpital Notre-Dame de la Pitié** (Pauvres renfermés), rue St-Victor, près la rue Copeau (aujourd'hui rue Lacépède).

Id. **Hôpital Sainte-Marthe de Scipion** (Pauvres renfermés), place Scipion, rue de la Barre, faubourg St-Marcel.

Id. **Hôpital Saint-Nicolas de la Savonnerie** (Pauvres renfermés), à Chaillot.

1628. **Hôpital des Convalescents de la Charité**, rue du Bac, près la rue de Varennes.

1629. **Maison des Dames hospitalières**, impasse des Hospitalières, près la place Royale.

1639. **Hôtel de la Charité Notre-Dame**, ou **Maison des Hospitalières**, rue de la Roquette.

1645. **Hôpital des femmes et filles convalescentes de l'Hôtel-Dieu**, rue de la Bûcherie.

1652. **Maison des Dames hospitalières de la Miséricorde de Jésus**, au Grand-Gentilly, en face le Couvent de Saint-Lazare à Paris, puis à Saint-Mandé.

1653. **Hôpital Saint-Denis de la Salpêtrière** (pour les mendiants), au faubourg St-Victor.

1656. **Hospice Saint-Jean-Baptiste de Bicêtre** (Pauvres renfermés), au château de Bicêtre.

Id. **Hôpital général des pauvres renfermés**, à *La Pitié*, rue St-Victor.

Réunion des Hôpitaux de Notre-Dame de la Pitié,

—   St-Denis de la Salpêtrière,

—   St-Jean-Baptiste de Bicêtre,

—   Ste-Marthe de Scipion,

—   La Savonnerie de Chaillot.

On y adjoignit plus tard :

—   Les Enfants-Trouvés,
—   Les Orphelins du faubourg St-Antoine,
—   Le St-Esprit,
—   Les Enfants-Rouges,
—   L'Hospice de Vaugirard.

1657. **Hôpital Saint-Julien-et-Sainte-Basilisse**, ou **Maison des Dames hospitalières**, rue Mouffetard.

1658. **Hôpital des Convalescents**, rue de Sèvres, au delà des *Incurables*.

1660. **Hôpital Sainte-Marguerite**, devenu l'*Hôpital Sainte-Eugénie*, puis l'*Hôpital Trousseau*, rue de Charenton.

1671. **Petit hospice de la Communauté des Eudistes**, rue des Postes.

1683. **Hospice de la paroisse Saint-Merry**, rue du Cloître-St-Merry.

xviie siècle. **Petit Hôpital des compagnons selliers protestants**, rue du Four-St-Germain.

1732. **Maison de l'Enfant-Jésus**, rue de Sèvres.

1751. **Infirmerie de l'École royale militaire**, au Gros-Caillou.

1759. **Hôpital militaire des Gardes françaises et des Gardes suisses**, rue St-Dominique.

1772. **Petit Hôpital du docteur Lalouette**, rue de Seine.

1774. **Hospice ou Clinique des écoles de chirurgie**, rue du Petit-Musc, puis rue des Cordeliers (aujourd'hui Place de l'École-de-Médecine).

1779. **Hospice de la Paroisse Saint-Sulpice et du Gros-Caillou**, ou **Hôpital Necker**, appelé pendant la Révolution *Hôpital de l'Ouest*, au Couvent des Bénédictines de Notre-Dame-de-Liesse, rue de Sèvres.

Id. **Hospice de la Paroisse Saint-André-des-Arcs**, rue des Poitevins.

1780. **Hospice de la Paroisse Saint-Jacques-du-Haut-Pas**,

ou **Hôpital Cochin**, appelé pendant la Révolution *Hospice Jacques*, rue du Faubourg-St-Jacques.

Id.   **Hospice de Vaugirard** ou **des Enfants-Gâtés**, dans la Maison seigneuriale de Vaugirard.

1785.   **Hôpital Saint-Jacques** ou **des Vénériens**, appelé pendant la Révolution *Hôpital du Midi*, depuis *Hôpital Ricord*, rue des Capucins-du-Faubourg-St-Jacques (actuellement le boulevard de Port-Royal).

1794.   **Hôpital du tribunal révolutionnaire**, à l'Archevêché.

1795.   **Hôpital Saint-Antoine**, appelé pendant la Révolution *Hôpital de l'Est*, dans l'ancienne Abbaye de St-Antoine-des-Champs, rue du Faubourg-St-Antoine.

Id.   **Hôpital Beaujon** (malades), dans l'*Hospice Beaujon* (orphelins), rue du Faubourg-St-Honoré.

Id.   **Hôpital militaire pour la légion de police**, dans l'ancien *Hospice de la Maternité*, au Val-de-Grâce.

VIII

DISPENSAIRES.

1576.   **Médicaments et soins gratuits aux malades pauvres**, dans la *Maison de la Charité chrétienne*, rue de Lourcine.

XVIe siècle. **Consultations et pansements gratuits**, par les chirurgiens de Paris, dans l'église St-Côme.

1639.   **Consultations et pansements gratuits des indigents**, à l'École de médecine, rue de la Bûcherie.

1641.   **Bureaux d'adresses de Renaudot, Commissaire général des pauvres du royaume, et Bureau général de placement** (Consultations charitables et médicales), rue de la Calandre, quartier de la Cité.

1699.   **Pansements gratuits des malades de la teigne et de différentes plaies,** au Couvent des Dames hospitalières de St-Thomas-de-Villeneuve, rue de Sèvres.

1770.   . **Traitements gratuits** dans les 4 cliniques suivantes :
à la Petite-Pologne,
à la Barrière-du-Trône,
rue Plumet (Oudinot),
rue des Brodeurs.

1780.   **Dispensaire de la Maison philanthropique,** au Couvent des Grands-Augustins.

xviiiᵉ siècle. **Médecins et chirurgiens des pauvres,** dans toutes les Paroisses de Paris.

IX

ETABLISSEMENTS POUR AVEUGLES ET SOURDS-MUETS.

xiᵉ siècle. **Confrérie de secours des aveugles,** à la Garenne (quartier du Palais-Royal).

1254.   **Hôpital des Quinze-Vingts** (Aveugles), rue du Faubourg-St-Honoré, puis dans l'hôtel des Mousquetaires noirs, rue de Charenton.

1760.   **École des Sourds-Muets,** devenue **Institut national,** rue des Moulins, à la Butte-St-Roch, puis au Couvent des Célestins, quartier de l'Arsenal, enfin au Séminaire de St-Magloire, rue St-Jacques.

1784.   **École des jeunes aveugles,** devenue **Institut national,** appelée pendant la Révolution *Atelier des aveugles travailleurs,* successivement rue Coquillière, rue Notre-Dame-des-Victoires, au Couvent des Célestins, à l'Hôpital Ste-Catherine, aux Quinze-Vingts, rue St-Victor, au Collège des Bons-Enfants, enfin boulevard des Invalides.

X

ASILES D'ALIÉNÉS ET D'INCURABLES.

1557. **Hôpital des Petites-Maisons** (Quartier des Fous), dans la Léproserie du Bourg-St-Germain, rue de Sèvres.

1634. **Hôpital des Incurables** (Femmes), aujourd'hui *Hôpital Laënnec*, rue de Sèvres.

1641. **Hôpital de la Charité**, sur le bief de Besançon, à Charenton-St-Maurice.

1656. **Hôpital Saint-Jean-Baptiste de Bicêtre** (Quartiers St-Joseph et St-Prix).

Id. **Hôpital Saint-Denis de la Salpêtrière** (Quartiers de la Providence et des Folles), au faubourg St-Victor (boulevard de l'Hôpital).

Vers 1780. **Asile privé de Picpus**, ancienne *Maison-Dieu Saint-Marcel*, rue de Picpus.

1794. **Hôpital des Incurables** (Hommes), dans l'*Hôpital du St-Nom de Jésus*, faubourg St-Martin.

XI

ASILES DE VIEILLARDS, MAISONS DE SANTÉ ET DE RETRAITE.

1283. **Maison des pauvres veuves**, rue Ste-Avoye.

1323. **Hôpital Sainte-Madeleine** ou **Saint-Eustache**, au coin des rues Tiquetonne et Montorgueil.

1326. **Hospice des pauvres veuves d'Étienne Haudry**, dit **des trente-deux bonnes femmes**, plus tard **Communauté des Haudriettes**, en place de Grève, puis au Couvent de l'Assomption, rue St-Honoré.

1399. **Hôpital Saint-Éloi** (Maison de retraite des orfèvres), Quartier St-Germain-l'Auxerrois.

1425. **Maison des veuves de la Paroisse Saint-Sauveur,** rue St-Sauveur.

1497. **Maison des veuves de la Paroisse Saint-Eustache,** rue de Grenelle-St-Honoré, puis rue Montmartre.

1557. **Hôpital des Petites-Maisons,** plus tard **des Ménages,** rue de Sèvres.

1604. **Maison royale de la Charité chrétienne** (Soldats invalides), à l'ancienne *Léproserie St-Martial-et-Ste-Valère,* rue de Lourcine.

1612. **Hôpital Sainte-Marthe de Scipion** (Quartier des vieillards), au faubourg St-Marcel.

1634. **Commanderie de Saint-Louis** (Soldats invalides), au château de Bicêtre.

1653. **Hôpital du Saint-Nom de Jésus** ou **des Vieillards** (Fondation de St-Vincent de Paul), au faubourg St-Laurent (rue du Faubourg-St-Martin).

1656. **Hôpital Saint-Jean-Baptiste de Bicêtre** (Quartiers St-Mayeul, St-Charles, St-Guillaume et St-Pierre), au château de Bicêtre.

Id. **Hôpital Saint-Denis de la Salpêtrière** (Quartiers de l'Ange-Gardien et St-Joseph), au faubourg St-Victor.

1674. **Hôtel royal des Invalides** (Fondé par Louis XIV), appelé pendant la Révolution *Temple d'Humanité,* au Gros-Caillou.

1679. **Hospice du Petit Saint-Chaumont** (Soldats estropiés), plus tard *Communauté des Filles de la Petite Union chrétienne,* à l'hôtel de St-Chaumont, rue de la Lune.

1698. **Maison de retraite des Prêtres de Saint-François-de-Sales,** successivement rue des Postes, dans l'Hospice de la Crèche, rue du Puits-l'Hermite, et dans l'ancien Couvent des Bénédictines de Ste-Anne, à Issy.

1775. **Maison des veuves**, rue du Sentier, près la rue du Gros-Chenest.

1781. **Maison royale de santé** ou **Hospice de La Roche-foucauld** (Militaires et ecclésiastiques), route d'Orléans, à Montrouge.

XII

ASSISTANCE PAR LE TRAVAIL.

1545. **Chantiers et ateliers publics pour les pauvres mendiants**, établis par le Prévôt des marchands et les Échevins.

1547. — Id. —   — Id. —

1565. — Id. —   — Id. —

1582. — Id. —   — Id. —

1586. — Id. —   — Id. —

1602. — Id. —   — Id. —

1652. **Magasins généraux de charité pour soulager les affreuses misères des environs de Paris et centraliser les dons de la bienfaisance**, en la maison de Mme de Bretonvilliers, à la pointe de l'Ile-St-Louis, et en l'hôtel de Mandosse, près l'hôtel de Bourgogne.

1656. **Ateliers de charité pour les pauvres renfermés**, dans les maisons dépendantes de l'*Hôpital général*.

1685. **Ateliers de charité pour les mendiants**, établis par le Prévôt des marchands et les Échevins.

1699. — Id. —   — Id. —

1709. — Id. —   — Id. —

1762. **Filature de coton pour les petites filles**, à la *Maison de l'Enfant-Jésus*, rue de Sèvres.

1776. **Ateliers publics extraordinaires de charité**, établis par le Prévôt des marchands et les Échevins.

1777.   **Ateliers charitables de broderies**, rue Ste-Marguerite, près le marché St-Germain.

Id.   **Magasins de filasse pour faire travailler de vieil-
les femmes indigentes**, rue de Bourbon-Villeneuve

1784.   **Atelier des jeunes aveugles travailleurs**, à l'École
des jeunes aveugles.

1788.   **Ateliers de Charité** : au quai d'Orsay,
—   à la descente du port St-Nicolas,
—   au ruisseau du quai Pelletier,
—   au ruisseau du pont St-Paul,
—   au quai de la Tournelle,
—   rue des Barres,
—   au bras du Mail,
—   au débouché de la rue d'Hauteville,
—   rue basse St-Denis,
—   aux îles de Charenton.

1790.   **Ateliers de secours**, remplaçant les *Ateliers de charité* :
—   à Montmartre,
—   à la Barrière-des-Amandiers,
—   chemin des Vertus, à la Villette,
—   à Popincourt,
—   à Vaugirard.

Id.   **Filatures des indigents**, rue des Récollets, impasse
des Hospitalières, puis rue des Tournelles,
—   aux Jacobins de la rue St-Jacques,
—   rue Bordet, quartier Ste-Geneviève,
—   à Chaillot,
—   à Picpus.

1800.   **Ateliers de couture pour femmes sans ouvrage**,
rue Servandoni.

XIII

SECOURS MUTUELS.

1674. **Société de Sainte-Anne,** dite **Confrérie hospitalière des compagnons menuisiers et habitants du Temple,** dans l'église du Prieuré de Malte.

1719. **Société des perruquiers-coiffeurs** dite de **Saint-Louis.**

1750. **Société d'assistance des Frères cordonniers et des Frères tailleurs.**

1760. **Société de secours des menuisiers en meubles.**

1780. **Sociétés de Saint-Laurent** dites **de la Passion et de Saint-Hildevert,** à la Paroisse de St-Laurent et rue St-Étienne.

1782. **Société fraternelle de Saint-Eustache** (Menuisiers et serruriers), à la Paroisse St-Eustache et rue St-Denis.

1783. **Société des Cinquante Amis,** rue du Faubourg-du-Temple.

1789. **Société des amis de l'humanité** (Secours mutuels de typographes). Asile annexé.

Id. **Société** dite **La Fraternité,** à la Paroisse St-Sulpice.

Id. **Société des ouvriers en papiers peints,** à la manufacture Jacquemart.

Id. **Caisse de secours des papetiers,** rue de Montreuil.

1791. **Société des orfèvres,** à la Paroisse Notre-Dame.

Id. **Société des tanneurs et corroyeurs** dite **de Saint-Simon.**

Id. **Société des déchargeurs de fer des ports de Paris.**

Id. **Société de secours d'ouvriers de toutes classes,** rue du Marché-Neuf.

1792.   Société des amis de l'Égalité dite **Bourse des malades.**

1794.   Société de prévoyance et de secours mutuels dite **de Chaillot,** pour toutes professions.

1796.   Société dite **Caisse d'humanité,** pour les porteurs et forts aux halles et marchés.

1797.   Société d'humanité dite **des Farines,** pour les forts de la halle et diverses professions.

1798.   Société dite **d'humanité,** pour toutes professions.

Id.   **Société des ouvriers de la pompe à feu de Chaillot.**

1799.   **Société des employés des postes.**

Id.   **Société des garçons de chantier de l'île Louviers,** etc., etc.

XIV

ŒUVRES DIVERSES

— I —

1229.   **Couvent des PP. Trinitaires** dits **Mathurins** (Hospitalité et rédemption des captifs), dans l'*Aumône St-Benoît* dite *Hôpital St-Mathurin*, près la rue St-Jacques.

1334.   **Petites maisons des Francs-Bourgeois du Temple** (24 Logements gratuits), rue Paradis-au-Marais (actuellement des Francs-Bourgeois).

1361.   **Œuvre des Avocats des pauvres,** au Châtelet.

1515.   **Couvent des PP. de la Merci** (Hospitalité et rédemption des captifs), dans l'hôtel d'Albret, près St-Hilaire, quartier St-Benoît.

1536.   **Établissement de troncs pour les pauvres dans les églises et édifices publics** (Ordonnance de François Iᵉʳ).

1597.   **Compagnie de charité des Dames trésorières des prisons,** à la Chapelle des Minimes, place Royale.

1613. **Couvent des PP. de la Merci** (Hospitalité et rédemption des captifs), rue du Chaume (actuell. des Archives).

1640. **Compagnie de Messieurs qui travaillent à la délivrance des prisonniers pour dettes** (Fondation de la Présidente de Lamoignon), à la salle de charité de St-Germain-l'Auxerrois et rue Notre-Dame-des-Champs.

1650. **Distributions gratuites de soupes,** chez Mme de Miramion, près St-Nicolas-des-Champs.

1674. **Caisse des Invalides de la marine,** au Ministère de la marine.

1703. **Patronage et Placement d'enfants abandonnés,** à la Maison des PP. du St-Esprit, rue des Postes (actuellement rue Lhomond).

1708. **Consultations gratuites pour les pauvres,** dans la Bibliothèque des avocats, au Palais de Justice.

1728. **Compagnie de Messieurs de la Charité pour l'assistance des prisonniers et la délivrance de ceux détenus pour dettes de mois de nourrices,** au Châtelet.

1732. **Association de Saint-François-de-Sales pour les petits ramoneurs :**
Écoles des Savoyards, rue St-Étienne-des-Grès, près le Collège de Lisieux,
— à St-Merri,
— au Séminaire des Missions étrangères,
— à St-Sauveur,
— à Ste-Madeleine.

1740. **Constitution de dots annuelles à 60 pauvres filles** (Fondation du duc de Nevers).

1763. **Œuvre de la visite des prisons pendant la Semaine Sainte.**

1772. **Corps-de-garde pour secourir les noyés,** sur les berges de la Seine.

1775. **Œuvre du prêt gratuit et du pain de charité,** à la Paroisse St-Sulpice.

1777. **Mont-de-Piété**, rue des Blancs-Manteaux.

1784. **Bazar de modes en faveur des indigents**, au Presbytère de St-Sulpice.

1785. **Première fondation Montyon (Prix de vertu)**, à l'Académie française.

1788. **Association de bienfaisance judiciaire**, au Châtelet.

1790. **Bureau de paix et de jurisprudence charitables**, au Palais de Justice.

1793. **Caisse nationale de prévoyance.**

1794. **Société de secours en faveur des savants et hommes de lettres**, au Directoire du département.

1799. **Bureau de vaccination gratuite**, rue du Battoir-St-André des Arts.

1800. **Distributions de soupes** dites **à la Rumfort** (Dépendance de la *Maison philanthropique*) :
1er établissement, rue du Mail,
2e   —   rue de Charenton.

Id. **Œuvre de la Marmite des pauvres**, rue du Vertbois, puis rue Montgolfier.

— II —

1357. **Les petites Écoles de Paris** ou **Écoles de charité** (Garçons et filles), réorganisées en 1669, dans toutes les paroisses.

1181. **Collège des Dix-Huit**, fondé pour 18 pauvres escholiers, près l'Hôtel-Dieu, puis près le Collège de Cluny (emplacement actuel de la Sorbonne).

1208. **Hôpital des treize pauvres escholiers** ou **Collège des Bons-Enfants**, rue des Bons-Enfants, près l'église St-Honoré.

1244. **Collège des Bernardins**, fondé pour 20 boursiers, sur la paroisse St-Nicolas du Chardonnet.

1250. **—   de Sorbonne**, fondé pour 16 pauvres escholiers, rue Coupe-Gueule, près la Sorbonne.

1292. **—   des Cholets**, fondé pour 16 pauvres escholiers des diocèses d'Amiens et Beauvais, sur la montagne Ste-Geneviève.

1304. **Collège de Navarre**, fondé pour recevoir gratuitement 70 escholiers, rue de la Montagne-Ste-Geneviève (aujourd'hui École Polytechnique).

1309. — **de Bayeux**, fondé pour 12 pauvres escholiers du diocèse du Mans, rue de la Harpe.

1314. — **de Laon**, fondé pour 16 boursiers du diocèse de Laon, à l'hôtel du Lion-d'Or, chez Gérard de Montaigu.

Id. — **de Presles**, fondé pour des boursiers du diocèse de Soissons.

1317. — **de Narbonne**, fondé pour 9 pauvres escholiers du diocèse de Narbonne, rue de la Harpe.

1321. — **de Cornouailles**, fondé pour de pauvres escholiers bretons, rue du Plâtre.

1323. — **du Plessis**, fondé en faveur de 40 pauvres escholiers, rue St-Jacques.

1324. — **des Écossais**, fondé pour des boursiers catholiques d'Écosse, rue des Amandiers, puis rue de la Doctrine-Chrétienne, aux fossés St-Victor.

1334. — **des Lombards** ou **Maison des pauvres escholiers italiens de la Charité Notre-Dame**, sur le mont Hilaire, près des Carmes.

1336. — **de Lisieux**, fondé pour 24 pauvres escholiers du diocèse de Lisieux, rue des Prêtres, près St-Séverin.

1337. — **d'Autun**, fondé pour 15 pauvres escholiers des dioc. de Clermont et du Puy, près St-André-des-Arcs.

1339. — **de l'Ave-Maria**, fondé pour 10 pauvres escholiers, près St-Étienne-du-Mont.

1348. — **de Cambrai** ou **des Trois-Évêques**, fondé pour 7 boursiers de chacun des diocèses de Cambrai, d'Auxerre et d'Autun, à l'emplacement actuel de l'École de droit.

1353. — **de Boncour**, fondé pour 8 pauvres escholiers du diocèse de Thérouanne, sur la montagne Ste-Geneviève.

1363. **Collège de la Marche**, fondé pour 6 pauvres escholiers, dans l'ancien Collège de Constantinople.

1370. — **de Beauvais**, fondé pour 24 boursiers, au clos St-Bruneau, près l'Université.

1371. — **de maître Gervais**, fondé pour de pauvres escholiers, derrière les Mathurins.

1380. — **de Dainville**, fondé en faveur de 12 pauvres escholiers du diocèse d'Arras.

1391. — **de Fortet**, fondé pour 8 pauvres escholiers de Paris et du diocèse de St-Flour, rue des Cordiers, puis rue des Sept-Voies.

1412. — **de Rethel**, fondé pour de pauvres escholiers du Rethelois, à l'ancien hôtel de Bourgogne, au mont St-Hilaire.

1430. — **de Sainte-Barbe**, entretenant gratuitement les trois-quarts de ses élèves.

1511. — **de Montaigu** ou **Communauté des 85 pauvres escholiers**, rue des Sept-Voies.

1526. — **du Mans**, fondé pour 12 pauvres escholiers du diocèse du Mans, rue de-Reims, à la montagne Ste-Geneviève (emplacement actuel du lycée Louis-le-Grand).

1550. **Écoles buissonnières**, tenues gratuitement par des Luthériens, dans la campagne de la banlieue de Paris, pour de jeunes enfants des deux sexes.

1633. **Collège des 33 pauvres escholiers**, à l'hôtel de Marly, puis à l'hôtel d'Albiac, chez Mme de Bretonvilliers, à la montagne Ste-Geneviève.

La plupart de ces fondations furent centralisées [plus tard au Collège Louis-le-Grand.

1681. **Œuvres scolaires gratuites des Frères des écoles chrétiennes.**

La Charité à Paris

au XIXe siècle

❀ ❀ ❀

1801

Organisation des services de l'Assistance publique, 3, avenue Victoria.

Réorganisation des Bureaux de bienfaisance (12 Comités centraux et 48 succursales).

Reconstitution de la Société philanthropique (Fourneaux, Dispensaires, Subventions aux Écoles gratuites de charité, aux Sociétés de secours mutuels et de prévoyance, Secours divers, Bains gratuits, etc.), 21, rue des Bons-Enfants; primitivement au Couvent des Grands-Augustins, puis successivement 48, rue du Bouloi, 20, rue des Filles-St-Thomas, 20, rue des Petits-Augustins, rue de Paradis-au-Marais, 12, rue du Grand-Chantier, 115, rue St-Honoré, 17, rue d'Orléans-St-Honoré. R. U. P [1].

En 1900 la Société comprend :

30 Fourneaux : **5** *bis*, rue Poulletier (Sœurs de St-Vincent-de-Paul),

32, rue Geoffroy-St-Hilaire,	— id. —
253, rue St-Jacques,	
7, rue de l'Abbaye,	— id. —
26, rue d'Assas,	— id. —

---

1. R. U. P. signifie *Reconnue d'Utilité Publique.*

13 *bis*, rue Ambroise-Paré,

13, rue Philippe-de-Girard (Sœurs de St-Vincent-de-Paul),

13, rue Basfroi,

3, rue Ruty,   — id. —

19, rue Coriolis,   — id. —

22, rue Vandrezanne,   — id. —

201, avenue du Maine (Sœurs de l'Immaculée-Conception),

80, rue Boileau (Sœurs de Ste-Marie),

68, rue du Ranelagh (Sœurs de la Sagesse),

29, boulevard Gouvion-St-Cyr (Sœurs de St-Vincent-de-Paul),

175 *bis*, avenue de Clichy,

44, rue Labat (Sœurs de Notre-Dame du Calvaire),

50, rue Stephenson (Sœurs de St-Vincent-de-Paul),

166, rue de Crimée (Sœurs de Notre-Dame du Calvaire),

35 *bis*, rue du Pressoir,

14, rue des Partants,

48, rue des Pyrénées (Sœurs du St-Sauveur),

140, rue du Chemin-Vert,

12, rue François Villon,

27, avenue des Batignolles et rue des Boulangers (St-Ouen).

85, rue Réaumur,

64, rue St-Maur,

25, avenue de Choisy.

12, rue Mademoiselle.

30 Dispensaires d'adultes : 21, rue des Bons-Enfants,

22, rue Montgolfier (Sœurs de St-Vincent-de-Paul),

10, rue des Guillemittes,   — id. —

7, rue Poulletier,   — id. —

255, rue St-Jacques,

120, rue du Cherche-Midi,   — id. —

105, rue St-Dominique,   — id. —

5, rue d'Artois,

32, rue St-Lazare,

13 *bis*, rue Ambroise-Paré,

10, rue du Canal-St-Martin,   — id. —

36, rue Faidherbe,
3, rue Ruty, (Sœurs de St-Vincent-de-Paul),
4, rue Jean-Marie-Jégo,   — id. —
59, rue Vercingétorix (Sœurs Augustines du St-Nom de Jésus),
201, avenue du Maine (Sœurs Auxil. de l'Immac.-Conception),
223, rue Lecourbe (Frères de St-Jean-de-Dieu),
80, rue Boileau (Sœurs de Ste-Marie),
77, rue Truffaut,   — id. —
5, impasse Massonnet (Sœurs de St-Vincent-de-Paul),
48, rue Stephenson,   — id. —
39, rue Caulaincourt,   — id. —
5, rue Jean-Cottin,   — id. —
166, rue de Crimée (Sœurs du Calvaire),
73, rue de la Mare (Sœurs de St-Vincent-de-Paul),
85, rue Réaumur,   — id. —
140, rue du Chemin-Vert,   — id. —
39, rue Jenner,   — id. —
44, rue Labat (Sœurs du Calvaire),
70, rue des Haies (Sœurs de la Providence).

1 Dispensaire-hôpital chirurgical, Fondation Gouin, rue des
Bournaires, à Clichy (Sœurs de St-Joseph de Cluny).

4 Dispensaires pour enfants malades :

75, rue de Clignancourt, Maison Hirsch de Géreuth (Sœurs
du Calvaire),
4, rue Jean-Marie-Jégo, Maison Édouard André (Sœurs de
St-Vincent-de-Paul),
166, rue de Crimée (Sœurs du Calvaire),
48, rue des Pyrénées (Sœurs du St-Sauveur).

Primes d'encouragement pour l'établissement de jeunes ouvriers.

3 Asiles de nuit pour femmes et enfants :

253-255, rue St-Jacques, Maison Émile Thomas,
44, rue Labat, Maison Albert Hartmann (Sœurs du Calvaire),
166, rue de Crimée, Maison Camille Favre,   — id. —

Asile-Ouvroir pour femmes enceintes, 253, rue St-Jacques.

Asile maternel, 201, avenue du Maine, Maison Bᵒⁿ et Bⁿᵉ Rose (Sœurs auxiliatrices de l'Immaculée-Conception).

Pensions et établissements d'enfants recueillis à l'Asile maternel (Legs Bᵒⁿ et Bⁿᵉ Rose).

Hospice pour femmes âgées, 166, rue de Crimée (Sœurs du Calvaire).

Pensions viagères, Fondation Hirsch de Géreuth.

Habitations économiques :

Fondation Heine, 45, rue Jeanne-d'Arc,

    65, boulevard de Grenelle,

    3, avenue de St-Mandé,

    19, rue d'Hautpoul.

Fondation Gouin, 23 et 25, rue d'Alsace.

Fondations diverses, 75 et 77, rue de Clignancourt.

7 fourneaux ou Soupes économiques de la Société philanthropique.

1 Société de secours mutuels approuvée.

Clinique interne de l'École de médecine. *Disparue.*

Maison municipale de santé, 200, rue du Faubourg-St-Denis.

1802

Maison de charité libre, 20, rue du Bouloi (Sœurs de St-Vincent-de-Paul).

13 fourneaux ou Soupes économiques de la Société philanthropique.

École nationale des arts décoratifs (Jeunes filles), 10, rue de Seine.

2 Sociétés de secours mutuels approuvées.

Service de secours aux asphyxiés, aux blessés et aux noyés (Préfecture de police).

En 1900 : 48 postes de secours aux noyés,
226 postes de secours aux blessés.

Hôpital des Enfants, ancien **Hospice de l'Enfant-Jésus**, Dispensaire annexé, 149, rue de Sèvres.

Hospice des Incurables (Hommes), rue des Récollets.

Société des enfants en faveur des pauvres vieillards, Vestiaire annexé, rue Coq-Héron. *Disparue.*

1803

Orphelinat du Gros-Caillou (Jeunes filles), Maison Leprince, 109, rue St-Dominique (Sœurs de St-Vincent-de-Paul). R. U. P.

— **des enfants délaissés** (Garçons et filles), rue Garancière, rue Gaillon, puis 33, rue Notre-Dame-des-Champs.

Maisons de charité libres, 22, rue Montgolfier (Sœurs de St-Vincent-de-Paul).

— 25, rue Thévenot   — id. —

— 182, rue de Grenelle,   — id. —   R. U. P.

5 dispensaires de la Société philanthropique (Voir en 1801) :

48, rue des Moulins. *Disparu,*

rue des Deux-Écus. *Disparu,*

place des Vosges. *Disparu,*

7 et 24, rue de la Bûcherie. *Disparu,*

162, rue du Bac. *Disparu.*

Délégation générale des Diaconats de l'Église réformée de Paris (Assistance des indigents protestants), 1, rue de l'Oratoire.

Écoles et ateliers de bienfaisance de Chaillot. *Disparus.*

1 Société de secours mutuels approuvée.

1804

École professionnelle de serrurerie et de menuiserie (Garçons), *Disparue.*

Société d'assistance charitable des Dames des quartiers de St-Germain-des-Prés, St-Thomas-d'Aquin, l'Abbaye-aux-Bois, Ste-Valère et des Missions étrangères. 3 Ouvroirs de jeunes filles annexés.

1 Société de secours mutuels approuvée.

Asile national de la Providence (Vieillards), 77, rue des Martyrs (Sœurs de la Charité et de l'Instruction chrétienne). R. U. P.

Institution Sainte-Périne (Vieillards), Dépendance de l'Assistance publique, 69, rue du Point-du-Jour, à Auteuil; primitivement au couvent de Chaillot.

1805

Réorganisation du Mont-de-Piété de Paris, 55, rue des Francs-Bourgeois (3 succursales, 20 bureaux auxiliaires).

Société dite **La Providence** (Secours aux indigents, Placement en apprentissage et Bourses pour vieillards de l'Asile national de la Providence), 77, rue des Martyrs.

5 Sociétés de secours mutuels approuvées.

Marmite des pauvres, rue Aumaire (Sœurs de St-Vincent-de-Paul).

1806

4 Sociétés de secours mutuels approuvées.
Société d'assistance des Dames de charité de la paroisse St-Louis, chaussée d'Antin et rue de la Pépinière.

1807

2 Sociétés de secours mutuels approuvées.

1808

9 Sociétés de secours mutuels approuvées.
Maison de retraite de la Seine, ancien Dépôt de mendicité (Vieillards indigents ou incurables), Dépendance de l'Assistance publique, à Villers-Cotterets.

1809

Maison d'éducation de la Légion d'honneur (Jeunes filles), à St-Denis. Succursales aux Loges et à Ecouen. Dépendance de la Grande Chancellerie de la Légion d'honneur, 1, rue Solférino.
Comité de bienfaisance israélite, primitivement *Comité de la Société israélite de secours et d'encouragement, Comité con-*

sistorial de la Société israélite, etc., 17, rue Saint-Georges;
primitivement rues Boucherat, Grenier-St-Lazare, Ste-Avoye,
au Temple de la rue Notre-Dame-de-Nazareth. R. U. P.

En 1900, le Comité dirige :

1 dispensaire, 1, rue St-Claude ; primitivement 8, rue du
Vertbois.

2 fourneaux : 22, rue des Juifs,
           27, rue Ordener.

1 caisse de prêts et de loyers,
1 patronage des familles et enfants assistés,
1 vestiaire,
1 cantine scolaire et l'œuvre de la Cagnotte des enfants,
L'œuvre des machines à coudre,
L'œuvre de l'assistance des femmes en couches,
L'œuvre André-Gustave de Rothschild (Convalescents).
L'œuvre des jeunes malades adultes,
L'hôpital Rothschild (Vieillards et incurables),
La Maison Moïse Léon (Asile de vieillards).

Manufacture des apprentis pauvres et orphelins. *Disparue.*
4 Sociétés de secours mutuels approuvées.
Société de bienfaisance de la paroisse Saint-Roch (Atelier de
travail pour jeunes filles et Fourneau), 17, rue des Moineaux.
Disparue.

1810

Maison de charité libre, 5, rue de Belzunce (Sœurs de St-Vincent-de-Paul).

— **et Orphelinat** (Jeunes filles), 6, rue de Rocroi ; précédemment 14, rue Bossuet (Sœurs de St-Vincent-de-Paul).

Restauration de la Société de charité maternelle, rue Coq-
Héron, puis 38, rue de Lubeck. R. U. P.

Bureau de consultations judiciaires gratuites, au Palais de Justice.

·3 **Sociétés de secours mutuels approuvées.**

Œuvre des vieillards, 6, rue Rocroi, à Courbevoie. *Disparue.*

1811

7 **Sociétés de secours mutuels approuvées.**

1812

Maison de charité libre, 2, rue des Chanoinesses (Sœurs de St-Vincent-de-Paul). *Disparue.*

15 **fourneaux** ou **Soupes économiques de la Société philanthropique.**

5 **Sociétés de secours mutuels approuvées.**

1813

Service des sages-femmes agréées près les hôpitaux (Dépendance de l'Assistance publique).

7 **Sociétés de secours mutuels approuvées.**

1814

Orphelinat de la Providence (Jeunes filles), 20, passage St-Roch. R. U. P. *Disparu.*

Hôpital militaire du Val-de-Grâce, 277, rue St-Jacques (Sœurs de St-Vincent-de-Paul).

1 Société de secours mutuels approuvée.

1815

Restauration de l'Œuvre des jeunes savoyards et auvergnats. *Disparue.*

4 Sociétés de secours mutuels approuvées.

1816

Réorganisation des Bureaux de bienfaisance (Création de 12 Bureaux de charité remplaçant les Comités de bienfaisance).

Maison de charité libre, 3, rue Oudinot (Sœurs de St-Vincent-de-Paul).

Chauffoir public, 17, rue des Moineaux, Dépendant de la Société de bienfaisance de la paroisse St-Roch. Atelier de travail pour jeunes filles et Fourneau annexés. *Disparus.*

Établissement en faveur des blessés indigents, 9, rue du Petit-Musc, près l'Arsenal. *Disparu.*

4 Sociétés de secours mutuels approuvées.

Association fraternelle des chevaliers de St-Louis et du Mérite militaire, 46, rue Neuve-St-Roch, Maison de retraite de veuves annexée. *Disparue.*

1817

Orphelinat Saint-Louis (Jeunes filles), 50, rue de Clichy (Sœurs de la Présentation de la Ste-Vierge).
Succursale à La Celle-St-Cloud.
— de jeunes filles de l'Église réformée, 97, rue de Reuilly (Dames Diaconesses). R. U. P.

Dispensaire de la Société philanthropique (le sixième), 6, rue Baillet (Voir en 1801).

Maison de charité libre, 13, rue du Roule (Sœurs de St-Vincent-de-Paul).
— 14, rue St-Benoît,   — id. —

Maison de travail Sainte-Marthe (Jeunes filles), rue des Postes. *Disparue.*

8 Sociétés de secours mutuels approuvées.

Hospice Leprince (Vieillards), 109, rue St-Dominique. R. U. P.

1818

Maison de charité libre, 15, rue des Bernardins (Sœurs de St-Vincent-de-Paul).

Maison de refuge pour les jeunes prisonniers, à l'ancien Couvent des Jacobins, rue des Grès-St-Jacques. *Disparue.*

Caisse d'épargne de Paris, 9, rue Coq-Héron; primitivement 104, rue Richelieu, puis à la Banque de France.
En 1900, 39 succursales dans le Département de la Seine.

13 Sociétés de secours mutuels approuvées.

1819

Maison de charité libre, 25, rue La Rochefoucauld (Sœurs de St-Vincent-de-Paul).

Société de prévoyance et de secours mutuels de la boucherie de Paris, 1, rue du Bouloi. R. U. P.

12 Sociétés de secours mutuels approuvées.

Hospice d'Enghien (Vieillards), 12, rue de Picpus (Sœurs de St-Vincent-de-Paul).

Infirmerie Marie-Thérèse (Prêtres âgés ou infirmes), Dépendance de l'Archevêché, 92, rue Denfert-Rochereau. R. U. P.

1820

Orphelinat (Jeunes filles), 20, rue du Bouloi (Sœurs de St-Vincent-de-Paul).

— 9, rue Perronet; primitivement 13, rue St-Guillaume (Sœurs de St-Vincent-de-Paul).

— **de la Providence** (Jeunes filles), Vestiaire-Ouvroir, 3, rue Oudinot,   — id. —

— 14, rue de la Ville-l'Évêque,   — id. —

Société helvétique de bienfaisance, 10, rue Hérold.

Caisse de secours des jeunes aveugles. *Disparue.*

19 Sociétés de secours mutuels approuvées.

Fondation Montyon (Legs aux hospices dépendants de l'Assistance publique).

1821

Refuge du Bon-Pasteur (Jeunes filles indigentes et repenties),
71, rue Denfert-Rochereau (Sœurs de St-Thomas de Ville-
neuve). R. U. P.

Fondation Montyon. (Prix de vertu décernés par l'Académie
française).

25 Sociétés de secours mutuels approuvées.

1822

Orphelinat (Jeunes filles), 14, rue St-Benoît (Sœurs de St-Vincent-de-Paul).

Société d'apprentissage des jeunes orphelins (Société de secours
mutuels annexée), Agence-École, 10, rue du Parc-Royal; primitivement 4, rue des Quatre-Fils, 6, rue d'Anjou et 2, rue Pastourelle. R. U. P.

Œuvre de la Miséricorde (en faveur des pauvres honteux),
175, boulevard St-Germain.

Association des Dames de la Providence (Assistance des indigents). *Disparue.*

Société de la morale chrétienne, 12, rue Taranne.

    Comité pour le placement en apprentissage des jeunes orphe-
    lins (devenu l'œuvre distincte qui précède),

    Comité de charité et de bienfaisance (Assistance par le travail),

    Comité des prisons (Protection des détenus et acquittés),

    Comité pour l'abolition de la traite des noirs et la suppression
    de l'esclavage. *Disparue.*

12 Sociétés de secours mutuels approuvées.

Maison des Sœurs de Bon-Secours de Paris (Gardes-malades des pauvres), 20, rue Notre-Dame-des-Champs.

Hospice municipal Guittard (Vieillards), à Champigny.

Asile d'aliénés du docteur Falret, à Vanves, 2, rue Falret.

1823

Maison de charité libre, 10, rue Christophe-Colomb; primitivement rue de Chaillot (Sœurs de la Sagesse).

Association des jeunes économes (Ouvroir annexé), 159, rue de l'Université (Sœurs de St-Vincent-de-Paul). R. U. P.

14 Sociétés de secours mutuels approuvées.

1824

Orphelinat de Bonne-Nouvelle (Jeunes filles), 25, rue Thévenot (Sœurs de St-Vincent-de-Paul).

— **Sainte-Marie-de-Lorette,** Ouvroir annexé (Jeunes filles). *Disparu.*

— **de la Providence,** Ouvroir annexé (Jeunes filles), rue Parmentier, à Ivry-sur-Seine; primitivement paroisse St-Germain-l'Auxerrois (Sœurs de St-Vincent-de-Paul).

Maison de charité libre, 15, rue des Arquebusiers (Sœurs de St-Vincent-de-Paul).

— **et Asile Sainte-Anne** (Femmes indigentes), Adoption et Patronage de jeunes filles, 9, rue Perronet (Sœurs de St-Vincent-de-Paul). R. U. P.

12 Sociétés de secours mutuels approuvées.

1825

Association protestante de bienfaisance, primitivement *Société des demoiselles protestantes des deux communions*, 15, place Malesherbes. R. U. P.

Bureau de bienfaisance anglais, 38, avenue de Wagram.

Société protestante de prévoyance et de secours mutuels, 52, rue de l'Arbre-Sec; primitivement rues Ste-Anne, St-Denis, des Bourdonnais et St-Honoré. R. U. P.

14 Sociétés de secours mutuels approuvées.

Reconstitution de l'Œuvre de la visite des malades dans les hôpitaux, Asile de convalescence (Jeunes filles) et Ouvroir St-Joseph (Vestiaire), 39, rue Notre-Dame-des-Champs.

Hospice Saint-Michel (Vieillards), Fondation Boulard, à St-Mandé.

1826

Orphelinat (Jeunes filles), 16, avenue de Paris, à Choisy-le-Roi (Sœurs de la Croix).

Société charitable de Saint-François Régis (Mariage des indigents), 20, rue Servandoni; primitivement 13, rue de Madame.

Première salle d'asile ou École maternelle, à l'Hospice des Ménages (Sœurs de la Providence).

En 1900 les Écoles maternelles de la Seine se divisent ainsi :

144 Écoles maternelles publiques à Paris :

Arrondiss^ts

Ier. — 15, rue Jean-Lantier; — 25, rue de la Sourdière.

IIe. — 21, rue Tiquetonne; — 5, rue de la Jussienne; — 4, rue des Forges.

IIIe. — 14, rue Volta; — 7, rue Barbette.

IVe. — 23, rue du Renard; — 9, rue de Moussi; — 10, rue des Hospitaliers-Saint-Gervais; — 12, place des Vosges; — 4, rue du Fauconnier; — 12, impasse Guéménée; — 20, rue Poulletier.

V^e. — 21, rue de Pontoise; — 11, rue de Buffon; — 88, rue Monge; — 4, rue des Feuillantines; — 41, rue de l'Arbalète; — 12, rue Victor Cousin; — 10, rue du Sommerard.

VIe. — 2, rue du Pont-de-Lodi; — 85, rue de Vaugirard; — 40, rue de Madame; — 16, rue Saint-Benoît.

VIIe. — 39 et 48, rue de Varennes; — 14, rue Éblé: — 4, rue Cler; — 24, avenue Rapp.

VIIIe. — 4, rue Portalis; — 22, rue du Général-Foy.

IXe. — 63, rue des Martyrs; — 12, rue Chaptal; — 30, rue Rodier.

X^e. — 39, rue de l'Aqueduc; — 41, rue Chabrol; — 1, rue des Vinaigriers; — 25, rue des Récollets; — 21, rue de Sambre-et-Meuse; — 18, rue Vicq-d'Azir; — 179, avenue Parmentier.

XIe. — 11 *bis* et 89, avenue Parmentier; — 75, boulevard de Belleville; — 3, rue Darboy; — 113, rue Oberkampf; — 52, rue Servan; — 99, rue de Charonne; — 13, rue Bréguet; — 8, rue Keller; — 19, rue des Taillandiers; — 8, Cité Voltaire; — 19, passage St-Bernard; — 28, rue Faidherbe; — 16, rue Titon.

XIIe. — 7, rue Ruty; — 21, rue de Reuilly; — 52, rue de Wattignies; — 15, rue Elisa-Lemonnier; — 7, place de la Nativité; — 87, rue Traversière; — 20, rue de Châlons; — 24, rue de Citeaux.

XIIIe. — 46, rue Jenner; — 57, rue Baudricourt; — 32, place Jeanne-d'Arc; — 22, avenue d'Italie; — 9, rue Davis; — 40, rue Vandrezanne; — 157, rue de Tolbiac; — 140, rue Broca.

XIVe. — 24, rue Delambre; — 4, rue Leclerc; — 77, rue de la Tombe-Issoire; — 1, place de Montrouge; — 1 et 132, rue d'Alésia; — 193, rue de l'Ouest; — 61, rue Vercingétorix.

XVe. — 28, rue de Dombasle; — 42, rue d'Alleray; — rue Théodore-Deck; — 2, rue Gerbert; — 8, rue Quinault; — 17, rue des Volontaires; — 149, rue de Vaugirard; — 62, rue Saint-Charles; — 36 *bis*, rue Violet; — 11, rue Lacordaire.

XVIe. — 64, rue Chardon-Lagache; — 29, rue de Passy; — 66, rue du Ranelagh; — 130, rue de Longchamps; — 56, rue Boissière.

XVIIe. — 31, rue Desrenaudes; — 221, boulevard Pereire; — 18, rue Ampère; — 10 et 29, rue Boursault; — 40, rue Balagny; — 13, rue Clairault; — 28, rue Brochant; — 61, Cité des Fleurs.

XVIIIe. — 72 et 113, rue Championnet; — 2, rue Vauvenargues; — 27, rue Lamarck; — 61, rue Clignancourt; — 56, rue d'Orsel; — 3, rue Flocon; — 77, rue du Mont-Cenis; — 11, rue André-del-Sarte; — 29, rue Marcadet; — 7, rue Doudeauville; — 8, rue Saint-Mathieu; — 7 et 21, rue de Torcy.

XIXe. — 40, rue de Tanger; — 5, rue Tandou; — 7, rue Pomard; — 46, rue Bouret; — 7, rue Barbanègre; — 17, rue de Palestine; — 2, rue des Bois; — 35 et 67, rue Bolivar.

XXe. — 94, rue des Couronnes; — 42, rue des Maronites; — 39, rue de

Tourtille; — 45, rue Piat; — 4, rue de la Mare; — 4, rue du
Jourdain; — 29, rue du Télégraphe; — 10, rue Ménilmontant;
— 22, rue de la Bidassoa; — 4, rue des Mûriers; — rue de
la Cour des Noues; — 31, rue des Maraîchers; — 1, rue des
Balkans; — rue des Grands-Champs; — 52, rue Planchat.

128 *Écoles maternelles publiques hors Paris* :

2 à Alfortville; — 2 à Antony; — 3 à Arcueil; — 3 à Asnières; —
3 à Aubervilliers; — 3 à Bagneux; — 2 à Bagnolet; — 2 à
Bobigny; — 1 à Bondy; — 1 à Bonneuil; — 3 à Boulogne; — 1 au
Bourget; — 1 à Bourg-la-Reine; — 1 à Bry-sur-Marne; — 2 à
Champigny; — 2 à Charenton; — 2 à Châtenay; — 1 à Châtillon; —
1 à Chevilly; — 2 à Choisy-le-Roi; — 1 à Clamart; — 2 à Clichy;
— 3 à Colombes; — 2 à Courbevoie; — 2 à la Courneuve; — 1 à
Créteil; — 1 à Drancy; — 1 à Dugny; — 1 à Épernay; — 1 à
Fontenay-aux-Roses; — 1 à Fontenay-sous-Bois; — 1 à Fresnes; —
1 à Gennevilliers; — 2 à Gentilly; — 2 à l'Ile-Saint-Denis; — 2 à
Issy; — 3 à Ivry; — 1 à Joinville-le-Pont; — 3 à Levallois-Perret;
— 3 à l'Hay; — 1 aux Lilas; — 2 à Maisons-Alfort; — 1 à Malakoff;
— 3 à Montreuil; — 1 à Montrouge; — 1 à Nanterre; — 2 à
Neuilly; — 1 à Nogent-sur-Marne; — 1 à Noisy-le-Sec; — 1 à Orly;
— 3 à Pantin; — 1 au Perreux; — 1 à Pierrefite; — 1 au Plessis-
Piquet; — 1 au Pré-Saint-Gervais; — 2 à Puteaux; — 1 à Romainville; — 1 à Rosny; — 1 à Rungis; — 3 à Saint-Denis; — 1 à
Saint-Mandé; — 4 à Saint-Maur; — 2 à Saint-Maurice; — 4 à Saint-
Ouen; — 1 à Sceaux; — 1 à Stains; — 1 à Suresnes; — 1 à Thiais;
— 1 à Vanves; — 1 à Villejuif; — 1 à Villemonble; — 1 à Ville-
taneuse; — 2 à Vincennes; — 2 à Vitry.

61 *Écoles maternelles privées à Paris* :

Arrondiss^ts
Ier. — 4, rue Ste-Hyacinthe (Sœurs de St-Vincent-de-Paul).
IIIe. — 40, rue Beaubourg; — 7, rue Réaumur.
IVe. — 10, rue des Guillemites (Sœurs de St-Vincent-de-Paul); — 5, rue
    Poulletier (Sœurs de St-Vincent-de-Paul); — 8, rue du Cloître
    Saint-Merry (Sœurs de St-Vincent-de-Paul).
Ve. — 19, rue Tournefort; — 11, rue Nicole (Sœurs de St-Vincent-de-
    Paul); — 32, rue Geoffroy-Saint-Hilaire (Sœurs de St-Vincent-
    de-Paul); — rue de la Parcheminerie (Sœurs de St-Vincent-
    de-Paul).
VIe. — 11, rue Jean-Bart; — 4, rue de l'Abbaye (Sœurs de St-Vin-
    cent-de-Paul); — 92, boulevard Montparnasse (Sœurs de
    St-Vincent-de-Paul; — 26, rue d'Assas (Sœurs de St-Vin-
    cent-de-Paul).
VIIe. — 27, avenue de Ségur; — 19, rue Amélie; — 9, rue Perronet
    (Sœurs de St-Vincent-de-Paul); — 77 et 182, rue de Grenelle
    (Sœurs de St-Vincent-de-Paul).
VIIIe. — 15 *bis* et 95, rue de Monceau (Sœurs de St-Vincent-de-Paul);
    — 14, rue de la Ville-l'Évêque (Sœurs de St-Vincent-de-

Arrondiss^ts Paul); — 10, rue Christophe-Colomb (Sœurs de la Sagesse).

IXᵉ. — 5, rue Milton; — 16, rue de Milan (Sœurs de l'Immaculée-Conception).

Xᵉ. — 6, rue Rocroy (Sœurs de St-Vincent-de-Paul); — 10, rue Alibert (Sœurs de St-Vincent-de-Paul).

XIᵉ. — 136, rue Saint-Maur; — 16, rue Basfroi (Sœurs de-St-Vincent-de-Paul; — 5, impasse St-Ambroise (Sœurs de la Miséricorde).

XIIᵉ. — 95, rue de Reuilly (Dames Diaconesses); — 63, rue des Meuniers (Sœurs de St-Vincent-de-Paul); — 77, rue de Reuilly (Sœurs de St-Vincent-de-Paul).

XIIIᵉ. — 41, rue de la Glacière (Sœurs de St-Vincent de Paul; — 14, rue Vendrezanne (Sœurs de St-Vincent-de-Paul).

XIVᵉ. — 13, rue Thibaud; — rue de la Voie-Verte (Sœurs de St-Joseph); — 29, rue Gassendi (Sœurs de St-Vincent-de-Paul).

XVᵉ. — 74, rue des Fourneaux; — 35, rue Croix-Nivert; — 11, place du Commerce; — 1, place Beaugrenelle; — 82, rue de Vaugirard (Sœurs de St-Vincent-de-Paul); — rue Olivier-de-Serre (Sœurs de la Croix de St-André); — 40, rue Rouelle (Sœurs de St-Paul).

XVIᵉ. — 154, avenue Victor-Hugo (Sœurs de St-Vincent-de-Paul); — 66, avenue Malakoff (Sœurs de la Sagesse).

XVIIᵉ. — 12, rue des Apennins; — 15, rue Navier; — 5, rue Bacon (Sœurs de St-Vincent-de-Paul) ; — 163 *bis*, avenue de Clichy (Sœurs de St-Vincent-de-Paul); — 5, rue Lacaille (Sœurs de la Miséricorde); — 3, rue Bridaine (Sœurs de Ste-Marie de la Famille).

XVIIIᵉ. — 6, rue des Abbesses; — 43, rue des Poissonniers; — 39, rue Caulaincourt (Sœurs de St-Vincent-de-Paul); — 8, rue Championnet (Sœurs de St-Vincent-de-Paul); — 48, rue Stephenson (Sœurs de St-Vincent-de-Paul).

XIXᵉ. — 160, rue de Crimée (Sœurs de St-Vincent-de-Paul); — 20, rue Bouret (Sœurs de St-Vincent-de-Paul).

XXᵉ. — 29, rue Fontarabie (Sœurs de la Providence); — 19, rue Ménilmontant (Sœurs de St-Vincent-de-Paul).

35 Écoles maternelles privées hors Paris :

Arrondissement de Saint-Denis :

Aubervilliers, 11, rue de la Courneuve (Sœurs de St-Vincent-de-Paul),
Bagnolet, 19, rue de Montreuil (Sœurs de St-Vincent-de-Paul),
Boulogne, 50, rue Nationale (Sœurs de Ste-Marie),
Le Bourget, 65, rue de Flandre (Sœurs de St-Vincent-de-Paul),
Clichy, 15, rue de la Providence,
— 84, rue Martre (Sœurs de St-Vincent-de-Paul),
Colombes, 18, rue de la Reine-Henriette, — id. —
Dugny, 16, rue Cretté-de-Paluel, — id. —
Levallois-Perret, 30, rue des Frères-Herbert (Sœurs de la Providence),

Nanterre, 60, rue Saint-Germain (Sœurs de St-Vincent-de-Paul),
Neuilly, 28, rue des Poissonniers,   — id. —
Pantin, 1, rue de la Cristallerie,   — id. —
    —   5, rue Thiers (Sœurs de St-Charles),
Puteaux, rue Arago,
    —   91, rue de Paris (Sœurs de St-Vincent-de-Paul).

Arrondissement de Sceaux :

Alfortville, 15, rue du Barrage,
Arcueil, 7, rue des Tournelles (Sœurs de St-Vincent-de-Paul),
Champigny, 102, Grande-Rue,   — id. —
Châtenay, 9, rue des Vallées,   — id. —
Châtillon, 12, rue de Bagneux,   — id. —
Choisy, 26, avenue de Paris (Sœurs de la Croix de St-André),
Clamart, 45, rue du Trosy (Sœurs de St-Vincent-de-Paul),
Créteil, 15, rue du Moulin,   — id. —
L'Hay, 6, rue Bronzac,   — id. —
Issy, 34, Grande-Rue (Dames de la retraite chrétienne),
Ivry, 110, rue de Paris (Sœurs de St-Vincent-de-Paul),
    —   110, rue de l'Église (Sœurs de la Croix de St-André),
Maisons-Alfort, 110, Grande-Rue (Sœurs de St-Joseph de Cluny),
Montrouge, 33, Grande-Rue (Sœurs de St-Vincent-de-Paul),
Nogent, 5, place du Marché (Sœurs de la Croix de St-André),
Saint-Maur, 15, rue Mathieu,   — id. —
Saint-Maurice, 53, Grande-Rue (Sœurs de St-Vincent-de-Paul),
Sceaux, 29, rue des Imbergères (Sœurs de la Croix de St-André),
Thiais, 5, rue de l'Église (Sœurs de St-Vincent-de-Paul),
Villejuif, 43, rue d'Amont (Sœurs de St-Joseph de Cluny).

6 Sociétés de secours mutuels approuvées.

1827

École professionnelle Saint-Nicolas (Garçons), 92, rue de Vaugirard; primitivement boulevard St-Marceau (Frères des Écoles chrétiennes). R. U. P.

Succursales à Issy, Igny et Buzenval.

4 Sociétés de secours mutuels approuvées.

Maison de santé, 29, rue de la Santé (Sœurs Augustines du St-Cœur de Marie).

1828

Société des amis de l'enfance, *pour l'éducation et l'apprentissage des jeunes garçons pauvres de Paris*, 15, rue de Crillon ; primitivement Quai des Augustins, au Presbytère St-Séverin, rue Copeau, rue St-Étienne, rue des Deux-Portes, rue Neuve-Ménilmontant, rue Culture-Ste-Catherine. R. U. P.

Maison de charité libre et Orphelinat (Jeunes filles), 11, rue des Poissonniers, à Neuilly (Sœurs de St-Vincent-de-Paul).

5 Sociétés de secours mutuels approuvées.

Maison de santé Esquirol (Asile privé d'aliénés), 23, rue de la Mairie, à Ivry-sur-Seine.

1829

Association pour le placement en apprentissage et le patronage d'orphelins des deux sexes, primitivement *Association de fabricants et d'artisans pour le placement*, etc., Auxiliaire du Comité de la *Société de la morale chrétienne* (1822) *disparue*, 37, rue de Turenne. R. U. P.

Maison d'assistance par le travail (Hommes et femmes), rue de Lourcine. *Disparue.*

Œuvre des secours à domicile aux femmes enceintes. *Disparue.*

Maisons de refuge des sourdes-muettes indigentes, rue Tournefort et rue des Postes. *Disparues.*

8 Sociétés de Secours mutuels approuvées.

1830

Ouvroir Saint-Joseph, Annexe de l'*Œuvre de la visite des malades dans les hôpitaux*, 39, rue Notre-Dame-des-Champs.

Bureau de bienfaisance de l'École polytechnique (Assistance à domicile dans le Ve arrondissement).

3 Sociétés de secours mutuels approuvées.

1831

Réorganisation des Bureaux de bienfaisance (12 Comités centraux).

Asile Sainte-Marie (Jeunes filles). *Disparu.*

Société des Imposés volontaires (Assistance polonaise), 2, rue St-Louis-en-l'Ile.

— **pour la propagation de la vaccine.** *Disparue.*

Fondation Vignette (Legs à l'Institution nationale des sourds-muets).

Société dite « **La Ruche** » (Vestiaire pour enfants indigents), Comité de Demoiselles siégeant chez la Présidente.

2 Sociétés de secours mutuels approuvées.

1832

Orphelinat Saint-Louis (Jeunes filles), Caisse de loyers annexée, 7, rue Poulletier (Sœurs St-Vincent-de-Paul).

— (Jeunes filles), 11, rue du Fauconnier (Sœurs de St-Vincent-de-Paul).

École professionnelle (Jeunes filles), Ancienne maison de la *Petite Œuvre du catéchisme de St-Sulpice*, 25, rue Cassette ; primitivement rue du Regard, puis rue de Vaugirard.

Œuvre de la Providence du VII⁰ arrondissement (Assistance à domicile), Comité siégeant chez la Présidente.

— **protestante des amis des pauvres**, 19, rue Tournefort.

2 Sociétés de secours mutuels approuvées.

Hospice Devillas (Vieillards incurables), Dépendance de l'Assistance publique, 48, Grande-Rue, à Issy ; primitivement rue du Regard.

1833

Orphelinat (Jeunes filles), 15, rue des Bernardins (Sœurs de St-Vincent-de-Paul).

— (— id. —) Ancienne *Œuvre des orphelins du choléra*, 69, rue du Cardinal-Lemoine ; antérieurement, 15, rue Thouin (Sœurs de St-Vincent-de-Paul).

Société de patronage des jeunes détenus et libérés du Département de la Seine, 9, rue de Mézières. R. U. P.

— **de Saint-Vincent-de-Paul** (Fondée par Ozanam, Bailly, Lallier et Le Taillandier), 6, rue Furstemberg ; primitivement rue de l'Estrapade, rue du Petit-Bourbon, puis rue St-Sulpice.

En 1900 la Société comprend :

97	*Conférences* à	Paris,
40	—	suburbaines,
24	—	dans les Patronages et œuvres ouvrières,
15	—	dans les Patronages des Frères de St-Vincent-de-Paul,
36	—	dans les œuvres de jeunesse dirigées par les Frères des Écoles chrétiennes,
8	—	dans les maisons d'éducation,
6	—	dans les catéchismes de persévérance ;
226		

Il convient de signaler à part la Conférence polonaise de St-Casimir, 119, rue du Chevaleret,

— belge de St-Liévin des Flamands, 181, rue de Charonne,

— anglaise, 50, avenue Hoche.

39 groupes de l'Œuvre des Saintes Familles,

Vestiaires,

Caisses de loyers,

Secrétariats du peuple,

3 jardins ouvriers, à Bercy,

St-Mandé,

St-Ouen.

Œuvre de l'Avocat des pauvres,

28 Comités de mariages des indigents,

27 Fourneaux :

St-Ambroise, 64, rue St-Maur,

Batignolles, 38, rue des Épinettes,

Charonne, 42, rue Planchat,

Clignancourt, 6, rue Championnet,

St-François-de-Sales, 87, rue de Tocqueville,

St-Georges, 20, rue Bouret,

La Glacière, 35, rue de la Glacière,

St-Jean-Baptiste-de-Grenelle, 35, rue de Javel,

St-Joseph, 10, rue Alibert,

St-Marcel-de-l'Hôpital, 37 *bis*, rue Jenner,

St-Merry, 4, rue Brise-Miche,

Nazareth, 11, rue Stanislas,

St-Nicolas-du-Chardonnet, 15, rue des Bernardins,

Plaisance, 12, rue Crocé-Spinelli,

St-Pierre-du-Gros-Caillou, 3 *bis*, rue Cler,

St-Pierre-de-Montmartre, 39, rue Caulaincourt,

Ste-Rosalie, 65, rue Corvisart,

Temple, 13, rue de Saintonge,

La Trinité, 16, rue de Milan,

La Villette, 146, rue de Crimée,

— 43, rue de Tanger,

St-Vincent-de-Paul, 97, rue de Sèvres,
Asnières, 39, rue St-Denis,
Clichy, 84, rue Martre,
Gentilly, 2, rue Frileuse,
Kremlin-Bicêtre, 1, rue Carnot,
Puteaux, 91, rue de Paris.

7 *Patronages* [1] *agrégés* (Jeunes gens) :

St-Charles, 12, rue Bossuet,
St-Joseph, 38, rue des Épinettes,
La Maison-Blanche, 54, rue Bobillot,
Ste-Mélanie, 59, rue Lhomond,
St-Paul, 34, rue Guilleminot,
St-Pierre, 28, rue Boyer,
Ste-Rosalie, 65, rue Corvisart.

7 *Patronages subventionnés* :

Ste-Camille, 12, rue des Meuniers,
St-Gervais, 68, rue François-Miron,
Jeanne-d'Arc, 15, quai Bourbon,
St-Joseph-des-Champs, 174, rue de Vanves,

---

1. On devra distinguer : 1° les Patronages de la Société de St-Vincent-de-Paul, — 2° les Patronages de l'Association libre pour l'éducation de la jeunesse ouvrière (Frères de St-Vincent-de-Paul), — 3° les Patronages des apprenties et des jeunes ouvrières (Sœurs de St-Vincent-de-Paul), — 4° les Patronages des Frères des écoles chrétiennes, — 5° les Patronages des apprentis et des jeunes ouvriers (Œuvre des cercles catholiques), — 6° les Patronages de l'œuvre des apprentissages catholiques, — 7° les Patronages paroissiaux, — 8° les Patronages de l'Union sociale française des Settlements charitables, — 9° les Patronages de l'Alliance des unions chrétiennes de jeunes gens de Paris (protestants), — 10° les Patronnages de la Ste-Famille, — 11° les Patronages laïques subventionnés par la Ville de Paris, — 12° les Patronages indépendants.

Pendant les cinq dernières années du siècle, les Patronages indépendants, paroissiaux ou laïques se sont tellement multipliés que nous n'avons pu dresser leur liste complète. Il importait, en effet, de connaître non seulement leur existence, mais aussi leur date de fondation; c'est ainsi que nous avons dû négliger, entre autres, 56 patronages paroissiaux, pour la plupart de la banlieue, et sur lesquels aucun renseignement ne nous a été fourni.

Notre-Dame-de-Lourdes, 35, rue de Javel,
St-Louis-des-Lilas, 13, rue de l'Avenir,
Ste-Marie-des-Anges, 44, avenue de la Gare, à St-Ouen.
Société philanthropique savoisienne, 17, rue Meslay. R. U. P.

   —   —   **des maîtres-tailleurs** (Caisse de secours).

Caisse des aveugles travailleurs. *Disparue.*

6 Sociétés de secours mutuels approuvées.

Maison des Sœurs de la Providence (Gardes-malades des pauvres), à Courbevoie.

Asile-clinique d'aliénés, Départemental, 1, rue Cabanis.

1834

Orphelinat Saint-Roch (Jeunes filles), 32, place du Marché-St-
Honoré (Sœurs de St-Vincent-de-Paul).

   — **Saint-Gervais** (Jeunes filles), et **École professionnelle**,
30, rue Geoffroy-Lasnier (Sœurs de St-Vincent-de-Paul).

Patronage de la Société de Saint-Vincent-de-Paul (Jeunes gens),
11, rue des Fossés-St-Jacques.

**Société de charité pour visiter et secourir à domicile les
familles pauvres**, Comité de Dames réuni chez la Présidente. R. U. P.

   — **de bienfaisance des Dames polonaises**, 262 *bis*, rue
St-Honoré.

   — **médicale d'accouchement.** *Disparue.*

   — **internationale des naufrages.** *Disparue* (Voir en 1835).

6 Sociétés de secours mutuels approuvées.

1835

Orphelinat Saint-Frambourg (Jeunes filles), 110, rue de Paris, à Ivry-sur-Seine (Sœurs de la Croix-St-André).

Maison de charité libre, 23, rue Olivier-de-Serres (Sœurs de St-André).

Société des Sauveteurs médaillés de la Seine, ancienne *Société internationale des naufrages*, 60, rue Monsieur-le-Prince. R. U. P.

5 Sociétés de secours mutuels approuvées.

Hôpital Broca, primitivement *Hôpital de Lourcine* (Consultations et Dispensaire), 111, rue Broca.

Maison du docteur Goujon (Asile privé d'aliénés), 15, place Daumesnil.

1836

Orphelinat et Maison de famille de la Société de Saint-Vincent-de-Paul (Jeunes gens), rue Copeau. *Disparus.*

— de la sœur Rosalie Rendu (Jeunes filles), et **Asile de femmes âgées**, 32, rue Geoffroy-St-Hilaire ; précédemment 5, rue de l'Épée-de-Bois (Sœurs de St-Vincent-de-Paul).

Association des mères de famille (Secours aux mères indigentes), Comité de Dames siégeant chez la Présidente.

Comité de patronage des prévenus acquittés de la Seine (Asile annexé), 136, rue Broca ; primitivement rue St-Pierre-aux-Bœufs et rue des Anglaises.

4 Sociétés de secours mutuels approuvées.

Œuvre des Sœurs de Sainte-Marie de la famille (Gardes-malades des pauvres), 99, rue de l'Abbé-Groult.

Succursales : 3, rue Bridaine (1861),
            136, rue Blomet (1888),
            59, boulevard Arago (1897).

1837

Société de patronage des jeunes filles détenues, libérées et abandonnées, primitivement dépendante de l'*Œuvre protestante des prisons de femmes* (Asile annexé), à Châtenay, 13, rue d'Antony ; primitivement 71, rue de Vaugirard (Sœurs de Marie-Joseph). R. U. P.
2 Sociétés de secours mutuels approuvées.

1838

Patronage et Maison de famille Saint-Jean (Apprentis et jeunes ouvriers), 9, passage Landrieu (Frères de St-Vincent-de-Paul).
Ouvroir de jeunes filles indigentes, 24, rue des Postes. *Disparu.*
Maisons de charité libre, 56, rue d'Hauteville (Sœurs de St-Vincent-de-Paul).
— 84, rue Martre, à Clichy.   — id. —
Société amicale des sourds-muets, 3, rue Furstemberg.
1 Société de secours mutuels approuvée.
Hospice de la Reconnaissance (Vieillards), à Garches (Seine-et-Oise). Fondation Brézin (1838) ; — Fondation Gouin (1878) ; — Fondation Lemaire (1895) ; — Dépendance de l'Assistance publique (Sœurs de la Compassion de la Ste Vierge).

1839

Asile-Ouvroir de Gérando (Patronage de repenties), 82, rue Blomet; primitivement 25, rue de l'Arbalète (Sœurs de Marie-Joseph). R. U. P.

Œuvre protestante des prisons de femmes, 49, rue de Lisbonne; Atelier-Asile annexé, 4, boulevard de Vaugirard; primitivement rue Montparnasse.

Société de patronage des détenues et des libérées (Annexe de l'*Œuvre protestante des prisons de femmes*).

Maison de famille à Levallois-Perret, 5, rue Martinval.

3 Sociétés de secours mutuels approuvés.

1840

Œuvre de Notre-Dame de la Miséricorde (Préservation de jeunes filles), 340, rue de Vaugirard (Sœurs de Marie-Joseph). R. U. P.

Asile du Saint-Cœur de Marie (Patronage et Convalescence de jeunes filles), 39, rue Notre-Dame-des-Champs.

Dispensaire, à Colombes (Sœurs de la Providence).

Œuvre des pauvres malades, Reconstitution de l'œuvre dite *Confrérie des Dames de charité*, 95, rue de Sèvres (Religieux Lazaristes).

Asile privé d'aliénés, au château St-James, 16, avenue de Madrid, à Neuilly.

Association des artistes dramatiques (Assistance et Secours mutuels), 11, rue Bergère. R. U. P.

2 Sociétés de secours mutuels approuvées.

1841

Refuge du Bon-Pasteur (Jeunes filles égarées ou exposées), 6, rue Camille-Mouquet, à Conflans (Religieuses de Notre-Dame du Bon-Pasteur).

Institution des Diaconesses des Églises évangéliques de France (Jeunes filles insoumises ou repenties), Ouvroir externe, Patronage, Dispensaire, Maison de famille, Retraite, Soin des malades protestants à domicile, 95, rue de Reuilly ; primitivement rue des Trois-Sabres. R. U. P.

Œuvre de patronage et Asile pour les aliénés indigents et convalescents (ancienne *Œuvre de la Salpêtrière et de Bicêtre*), 52, rue du Théâtre ; primitivement 35, rue Plumet et rue des Vignes (Sœurs de Notre-Dame-du-Calvaire). 'R. U. P.

Patronage des aliénés de Bicêtre et de Sainte-Anne (Hommes). *Disparu.*

Caisse de secours de l'Institution nationale des jeunes aveugles (ancienne *Société de patronage des aveugles de France*, 28, rue de Charenton.

Fondation Douaüd en faveur des garçons de recette de la Ville de Paris (Secours médicaux et en espèces, Dispensaire), 26, rue St-Georges.

6 Sociétés de secours mutuels approuvées.

Œuvre des Petites-Sœurs des pauvres (Vieillards indigents).

En 1900 : 8 maisons dans le Département de la Seine :

177, rue St-Jacques (1849),

62, avenue de Breteuil (1851),

73, rue de Picpus (1853),

45, rue Notre-Dame-des-Champs (1854),

13, rue Philippe-de-Girard (1864),

Ermitage de St-Denis (1875),

45, rue Gide, Levallois-Perret (1858).

Maison Schillizi, 23, rue Varize, à Auteuil (1897).

109 maisons en France, 167 à l'étranger, abritant ensemble 40,700 vieillards.

1842

Orphelinat de l'Immaculée-Conception (Jeunes filles), 39, rue St-André-des-Arts (Sœurs de St-Vincent-de-Paul). *Disparu.*
— .des **Enfants de la Providence** (Jeunes filles), 13, rue du Regard (Sœurs de Notre-Dame-de-Bon-Secours).
— (Jeunes filles), 22, rue Perceval (Sœurs du St-Cœur de Marie). R. U. P.

Refuge protestant (Jeunes filles repenties), 20, rue du Sergent-Bauchat; primitivement rue des Trois-Sabres, à Charenton, à Bourg-la-Reine, 5, avenue du Chemin-de-Fer, rue Picpus et rue Friant.

Maison de charité libre, 80, rue de Vaugirard; précédemment rues Mézières et du Vieux-Colombier (Sœurs de St-Vincent-de-Paul).

Union fraternelle des facteurs des postes de la Seine (Secours mutuels et Retraite), au Ministère des postes et télégraphes.

Institut ophtalmique, 30, rue Jacob. *Disparu.*

2 Sociétés de secours mutuels approuvées.

Maison de santé des Religieux hospitaliers de Saint-Jean-de-Dieu, 19, rue Oudinot.

Infirmerie de l'Institution des Diaconesses (Enfants protestants), 95, rue de Reuilly; primitivement faubourg St-Antoine.

Petit hôpital dépendant du Comité de bienfaisance israélite, 26, rue des Trois-Bornes. *Disparu.*

Asile Sainte-Marie (Vieillards), 253, rue St-Jacques. *Disparu.*

Maison de retraite (Femmes âgées et infirmes), 13, rue du Commerce, à Grenelle. *Disparue.*

1843

Société d'adoption pour les enfants trouvés, abandonnés ou orphelins, rue Jacob. *Disparue.*

Œuvre de patronage pour les jeunes filles israélites de Paris.
Comité siégeant chez la Présidente.

— **des apprentis et des jeunes ouvriers,** 27, rue Oudinot (Frères des Écoles chrétiennes). R. U. P.

En 1900 l'œuvre comprend 50 patronages à Paris et 9 dans la banlieue :

A Paris : Iᵉʳ arr. 37, rue St-Roch (1855),
      3, place de l'École (1879),
      263 bis, rue St-Honoré (1883),
   IIᵉ — 14, rue des Petits-Carreaux (1854),
      226, rue St-Denis (1876),
   IIIᵉ — 1, rue de Béarn (1895),
   IVᵉ — 23, rue de Turenne (1873),
      85, rue de la Verrerie (1885),
      14, rue des Rosiers (1890),
      10, rue St-Louis-en-l'Ile (1899),
      132, rue de Turenne (1899),
   Vᵉ — 37, rue de Jussieu (1890),
      21, rue Lhomond (1857),
      44, rue Denfert-Rochereau (1897),
   VIᵉ — 68, rue d'Assas (1860),
      7, rue Furstemberg (1892),
      8, rue Gît-le-Cœur (1861),
   VIIᵉ — 44, rue de Grenelle (1852),
      121, rue de Grenelle (1883),
      90 bis, rue St-Dominique (1877),
      49, avenue Duquesne (1881),
   VIIIᵉ — 7, rue de la Bienfaisance (1847),
      28, avenue de l'Alma (1876),
      34, rue de Courcelles (1854),
      12, rue de Moscou (1884),
   IXᵉ — 8, rue Choron (1890),
   Xᵉ — 12, rue du Buisson-St-Louis (1853),
      228, rue Lafayette (1858),
      4 bis, rue Pétrelle (1884),
      20, rue du Terrage (1896),

XIe arr. impasse Franchemont (1843),
    11, impasse St-Ambroise (1852),
XIIe — 32, rue de Wattignies (1882),
XIIIe — 109, rue Bobillot (1858),
    20, rue de Domrémy (1883),
    14, rue du Banquier (1884),
XIVe — 16, rue du Moulin-Vert (1885),
XVe — 23, rue du Montparnasse (1881),
    82, rue de l'Abbé-Groult (1883),
    5 *bis*, pourtour de l'Église, Grenelle (1885),
XVIe — 50, rue Raynouard (1877),
    67, rue Boissière (1878),
XVIIe — 35, avenue de St-Ouen (1884),
    77, rue Truffaut (1890),
    26, rue Vernier (1896),
XVIIIe — 6, rue St-Luc (1861),
    1, rue Boucry (1890),
XIXe — 75, rue de l'Ourcq (1875),
    19, rue des Fêtes (1876),
XXe — 124, rue de Bagnolet (1892).
Banlieue : Aubervilliers, 101, route de Flandre (1865),
    Clichy-la-Garenne, 12, rue du Réservoir (1885),
    Issy, rue Marceau (1877),
    Ivry, 135, rue de Paris (1888),
    Levallois-Perret, 56, rue des Frères-Herbert (1882),
    Neuilly, 121, avenue du Roule (1883),
    Pantin, 1, rue du Canal (1880),
    Sceaux, 7, rue du Marché (1890);
    St-Denis, 7, rue des Ursulines (1853).

Ouvroir, Dépendant de l'*Association des jeunes économes*, 159, rue de l'Université; primitivement à Gentilly, rue de l'Arbalète, à Conflans, rue Montparnasse (Voir en 1823).

2 Sociétés de secours mutuels approuvées.

Association des artistes musiciens (Assistance et secours mutuels), 11, rue Bergère. R. U. P.

Société de bienfaisance allemande, 86, rue de Bondy.

Société de bienfaisance amicale hongroise, Comité siégeant à l'Ambassade d'Autriche-Hongrie.

Hôpital privé des Diaconesses (Malades protestantes), 95, rue de Reuilly (Voir en 1841).

1844

Première crèche (Fondation Marbeau), 71, rue de Chaillot. *Disparue.*

Œuvre des Dames patronesses des salles d'asile. Comité siégeant chez la Présidente (Voir en 1826).

Orphelinat (Jeunes filles), 15, rue de Monceau (Sœurs de St-Vincent-de-Paul).

— des Saints-Anges (Jeunes filles), 8, rue de Vouillé; précédemment 159, rue de Vaugirard (Sœurs de la Sagesse). R.U.P.

Patronage des apprenties et des jeunes ouvrières, 15, rue des Bernardins (Sœurs de St-Vincent-de-Paul).

Société de patronage pour le renvoi dans leur famille des jeunes filles de province restées sans place et des femmes délaissées. *Disparue.*

Institution de l'Hôtel Lambert, Fondation Czartoriski (Jeunes filles polonaises), 2, rue St-Louis-en-l'Ile.

Maison de charité libre, 60, rue Raynouard (Sœurs de St-Vincent-de-Paul).

Œuvre des loyers du Comité de bienfaisance israélite, 17, rue St-Georges (Voir en 1809).

8 Sociétés de secours mutuels approuvées.

Association des artistes peintres, sculpteurs, architectes, graveurs et dessinateurs (Secours mutuels), 25, rue Bergère. R.U.P.

Maison des ouvriers (Placement gratuit), rue des Vieux-Augustins. *Disparue.*

Société israélite des amis du travail. *Disparue.*

Œuvre du logement des vieillards. *Disparue.*

Société pour la publication des annales de la charité. *Disparue.*

1845

Crèche Saint-Pierre-du-Gros-Caillou, 182, rue de Grenelle; précédemment rues de la Comète et de l'Église (Sœurs de St-Vincent-de-Paul).

— **Saint-Vincent-de-Paul**, 3, rue Oudinot; précédemment 69, rue du Cherche-Midi (Sœurs de St-Vincent-de-Paul).

— **Saint-Philippe-du-Roule**, 15, rue de Monceau; précédemment 182, Faubourg-St-Honoré (Sœurs de St Vincent-de-Paul).

— **Saint-Louis-d'Antin**, 27, rue de la Chaussée-d'Antin; précédemment 148, rue St-Lazare (Sœurs de la Présentation de la Vierge). *Disparue.*

— **Saint-Jean-Baptiste**, 73, rue de la Mare; précédemment 9, rue de Louvain (Sœurs de St-Vincent-de-Paul).

Orphelinat des Dames du Bon Pasteur, 33, rue Plumet. *Disparu.*

Patronage des apprenties et des jeunes ouvrières, 15 *bis*, rue de Monceau (Sœurs de St-Vincent-de-Paul).

— **de Notre-Dame-de-Nazareth** (Apprentis et jeunes ouvriers), 11, rue Stanislas; primitivement, 16, rue du Regard (Frères de St-Vincent-de-Paul). Caisse de loyers annexée. L'Asile de vieillards et le Fourneau primitivement installés comme annexes ont *disparu.*

Bureau central de l'Union des associations ouvrières catholiques en France (1872).

Maison Sainte-Anne (Patronage d'écoliers, apprentis et jeunes ouvriers, Mission ouvrière et Fourneau), 42, rue Planchat (Frères de St-Vincent-de-Paul).

— **de charité libre**, 77, rue de Grenelle (Sœurs de St-Vincent-de-Paul).

— 27, rue de la Chaussée-d'Antin (Sœurs de la Présentation de la Ste-Vierge).

Œuvre des maisons à loyers réduits (annexe de l'*Association protestante de bienfaisance*), 15, place Malesherbes (Voir en 1825).
3 Maisons en 1900 : 52, rue de Reuilly,
24, rue Tournefort,
3, rue Vauvenargues.
— du **Mont-de-Piété**. *Disparue.*
— de placement, 25, rue du Faubourg-St-Jacques. *Disparue.*
Fondation Reverdy (Primes d'assistance attribuées par la Ville de Paris aux pères de famille les plus méritants).
6 Sociétés de secours mutuels approuvées.
Maison des Veuves (Retraite), 24, rue de Belzunce.

1846

Crèche Sainte-Geneviève, 34, rue de la Montagne-Ste-Geneviève.
— **Bethléem**, 6, rue de Mézières; primitivement rues Pierre-Sarrazin, Servandoni et du Vieux-Colombier (Sœurs de la Présentation de la Ste-Vierge).
— **Sainte-Madeleine**, 14, rue de la Ville-l'Évêque; primitivement 249, rue St-Honoré (Sœurs de St-Vincent-de-Paul). R. U. P.
— **Notre-Dame-de-Lorette**, 60, rue Rodier; primitivement rues Neuve-Coquenard et Fontaine-St-Georges (Sœurs de St-Vincent-de-Paul).
— **Sainte-Amélie**, 24, rue des Poissonniers, à Neuilly (Sœurs de St-Vincent-de-Paul).
— **Saint-Gervais**, 18, rue Geoffroy-Lasnier. *Disparue.*
— **Sainte-Adélaïde des Ternes**. *Disparue.*
— **de Bercy**. *Disparue.*
Œuvre maternelle de Sainte-Madeleine (Assistance par le travail), 14, rue de la Ville-l'Évêque; primitivement 249, rue St-Honoré (Sœurs de St-Vincent-de-Paul). R. U. P.

Asile Saint-Hilaire (Enfants aveugles), rue des Postes. *Disparu.*

— **et Orphelinat Lambrecht** (Jeunes gens, vieillards et incurables protestants), 36, rue de Colombes, à Courbevoie.

Patronage des apprenties et des jeunes ouvrières, 32, rue Geoffroy-St-Hilaire ; primitivement rue de l'Épée-de-Bois (Sœurs de St-Vincent-de-Paul).

Œuvre de Saint-Casimir (Orphelinat polonais des deux sexes), 119, rue du Chevaleret (Sœurs polonaises de St-Vincent-de-Paul), Conférence de St-Vincent-de-Paul annexée. R. U. P.

Succursale à Juvisy et Asile de vieillards à Ivry.

Caisse de loyers de la Société de Saint-Vincent-de-Paul, 6, rue Furstemberg (Voir en 1833).

6 Sociétés de secours mutuels approuvées.

Maison du docteur Blanche (Aliénés), 17, rue Berton ; primitivement à Montmartre.

1847

Société des crèches (Fondation Marbeau), 27, rue de Londres. R. U. P.

Crèche Sainte-Philomène, primitivement *Saint-Merry et Saint-Gervais*, fermée de 1853 à 1873, 20, rue Ste-Croix-de-la-Bretonnerie (Sœurs de St-Vincent-de-Paul).

— **de Picpus**, primitivement *Saint-Antoine*, 4, ruelle des Tourneux ; primitivement 170, rue du Faubourg-St-Antoine. R. U. P.

— **Saint-Sauveur**, 7, rue Saint-Sauveur. *Disparue.*

— **Saint-Merry**, 9, rue du Puits. *Disparue.*

— **des Diaconesses**, 95, rue de Reuilly. *Disparue.*

— **Saint-Ambroise**, 70, rue Popincourt. *Disparue.*

— **Saint-Marcel**, rue de l'Épée-de-Bois. *Disparue.*

Œuvre de l'Assistance des femmes en couches du Comité de bienfaisance israélite, 17, rue St-Georges (Voir en 1809).

Orphelinat Sainte-Clotilde (Jeunes filles), 77, rue de Grenelle (Sœurs de St-Vincent-de-Paul).

— (Jeunes filles), 35, rue d'Arcueil, à Gentilly (Sœurs Fidèles Compagnes de Jésus).

Patronage des apprentis et des jeunes ouvriers, 7, rue de la Bienfaisance (Frères des Écoles chrétiennes).

Comité de patronage des apprentis et des jeunes ouvriers de la confession d'Augsbourg, 4, rue Titon; primitivement rues Fontaine-au-Roi et de Charonne.

Société de patronage des jeunes garçons israélites (Voir en 1809).

Fourneau de la Société de Saint-Vincent-de-Paul, 16, rue de Milan (Sœurs de St-Vincent-de-Paul).

Comité de bienfaisance de l'École normale (Secours à domicile), 45, rue d'Ulm.

Asile chrétien pour domestiques femmes (protestantes), 25, rue Salneuve; primitivement 23, rue Neuve-Coquenard et 85, rue Legendre.

Œuvre de convalescence pour les enfants pauvres. *Disparue.*

Société philanthropique de l'Union du commerce (Prévoyance et Secours mutuels), 7, rue Bourg-l'Abbé; primitivement 17, boulevard Sébastopol. R. U. P.

1848

Crèche de l'Annonciation, 8, rue Singer; primitivement rue des Carrières (Sœurs de St-Vincent-de-Paul).

Maison de Notre-Dame-de-Grâce (Patronage d'écoliers, apprentis et jeunes ouvriers), 29, rue de Lourmel (Frères de St-Vincent-de-Paul).

Œuvre des faubourgs (Secours à domicile). Comité de Dames siégeant chez la Présidente.

— **des familles** (Protection des indigents). *Disparue.*

Bureaux municipaux de placement gratuit (dans toutes les Mairies).

Hôpital Lariboisière, auparavant *Hôpital de la République* et *Hôpital du Nord* (Consultations, Dispensaire), 2, rue Ambroise-Paré.

1849

Réorganisation de l'administration de l'Assistance publique.

Service des secours représentatifs de séjour à l'hospice (Dépendant de l'Assistance publique).

Orphelinat professionnel du Saint-Cœur de Marie (Jeunes filles), 60, rue de Picpus (Sœurs des Écoles chrétiennes de la Miséricorde). R. U. P.

— **de Notre-Dame-de-Grâce** (Jeunes filles), 60, rue Raynouard (Sœurs de St-Vincent-de-Paul).

— **de Saint-Maurice** (Jeunes filles), 53, Grande-Rue, à St-Maurice (Sœurs de St-Vincent-de-Paul).

Maison de charité libre et Orphelinat (Jeunes filles), 27, rue de la Fromagerie, à St-Denis (Sœurs de St-Vincent-de-Paul).

— **Orphelinat et École professionnelle** (Jeunes filles), 29, rue Gassendi (Sœurs de St-Vincent de-Paul).

— 119, rue de Ménilmontant (Sœurs de St-Vincent-de-Paul).

— 15, rue Guersant,   — id. —   R. U. P.

Petit ouvroir de Saint-Vincent-de-Paul (Jeunes filles insoumises), 120, rue du Cherche-Midi (Sœurs de St-Vincent-de-Paul).

Caisse des Écoles du IIe arrondissement, à la Mairie.

Société d'éducation, de patronage et d'assistance en faveur des sourds-muets. *Disparue.*

Œuvres de l'avocat des pauvres, Dépendance de la Société de St-Vincent-de-Paul, 6, rue Furstemberg (Voir en 1833).

Société de placement et de secours des élèves sortis de l'Institut des jeunes aveugles, 56, boulevard des Invalides. R. U. P. Atelier à Argenteuil.

Association des inventeurs et artistes industriels (Secours mutuels), 25, rue Bergère. R. U. P.

Société dite **L'Union fraternelle** (Prévoyance mutuelle pour la création de pensions viagères), 29, rue du Mail.

— **suisse de secours mutuels**, 8, cour des Petites-Écuries.

Fondation Narabutin (Prime annuelle au profit d'ouvriers dépôsitaires à la Caisse nationale des retraites).

Œuvre des Sœurs servantes de Marie (Placement, Préservation, Assistance et Retraite de servantes), 7, rue Duguay-Trouin.

Succursales à Paris, 62, rue Nicolo,

— à Versailles, 35, rue d'Angiviller,

— à Toulon, faubourg St-Roch.

Asile des Petites-Sœurs des pauvres (Vieillards), 177, rue St-Jacques.

1850

Œuvre de la crèche à domicile, 15, rue de la Parcheminerie (Sœurs de St-Vincent-de-Paul).

Orphelinat de la petite œuvre de la Madeleine (Jeunes filles), 66, rue Jouffroy (Sœurs de la Ste-Enfance de Jésus).

Œuvre de la Providence Sainte-Marie (Orphelinat, École professionnelle, Patronage St-Éloi, Maison de charité libre, pour les deux sexes), 77, rue de Reuilly (Sœurs de St-Vincent-de-Paul). R. U. P.

Patronage Sainte-Mélanie (Jeunes gens), 59, rue Lhomond; primitivement 11, rue de l'Estrapade (Société de St-Vincent-de-Paul).

— **des apprenties et des jeunes ouvrières**, 20, rue du Bouloi (Sœurs de St-Vincent-de-Paul).

Maison de charité libre, 39, rue Jenner (Sœurs de St-Vincent-de-Paul).

— 23, rue Jouvenet (Sœurs de Ste-Marie).

— **et de retraite**, 102, Grande-Rue, à Champigny.

Œuvre des Dizaines (Assistance protestante), 7, rue des Batignolles.

Société centrale d'éducation et d'assistance des sourds-muets en France, 3, rue Furstemberg; précédemment 254, rue St-Jacques. R. U. P.

Caisse nationale des retraites pour la vieillesse, 56, rue de Lille.

1851

Crèche Saint-Thomas d'Aquin, 9, rue Perronet; primitivement rue St-Guillaume (Sœurs de St-Vincent-de-Paul).

Orphelinat Saint-Vincent-de-Paul (Jeunes gens), 58, rue Dombasle; primitivement 39, rue de l'Arbalète, puis chemin du Moulin, à Vaugirard (Frères de St-Vincent-de-Paul).

— **Maison de charité libre et École professionnelle** (Jeunes filles), 81, rue d'Angoulême; primitivement rue des Trois-Couronnes (Sœurs de St-Vincent-de-Paul).

— **Saint-Eugène** (Jeunes filles), 56, rue d'Hauteville; primitivement rues de l'Échiquier et du Paradis (Sœurs de St-Vincent-de-Paul).

Maison de charité libre et Orphelinat Saint-Ambroise (Jeunes filles), 142, rue Oberkampf; primitivement rue St-Maur (Sœurs de St-Vincent-de-Paul).

— **Orphelinat** (Jeunes filles) et **Maison de Retraite** (Vieillards), 6, rue Bronzac, à l'Hay (Sœurs de St-Vincent-de-Paul).

Patronage des apprenties et des jeunes ouvrières, 85, rue Réaumur; primitivement 25, rue Thévenot (Sœurs de St-Vincent-de-Paul).

— 26, rue d'Assas,   — id. —

— 14, rue de la Ville-l'Évêque,   — id. —

— 5, cité Voltaire.

Mission Saint-Joseph (Patronage et assistance des Alsaciens-Lorrains), 214, rue Lafayette.

Œuvre des écoles de la Compassion, pour les enfants de la rue les plus délaissés et les plus pervertis. *Disparue.*

Fourneau de la Société de Saint-Vincent-de-Paul, 12, rue Bossuet (Société de St-Vincent-de-Paul).

Caisse de prêts du Comité de bienfaisance israélite (Voir en 1809).

Assistance judiciaire (Loi du 22 janvier 1851).

Œuvre de l'Enfant-Jésus (Patronage, Jeunes filles convalescentes), Annexe de l'*Œuvre de la visite des malades dans les hôpitaux,* 30, rue Dombasle.

Œuvre de Sainte-Geneviève (Assistance des malades dans les paroisses de la banlieue), Annexe de l'*Œuvre des pauvres malades* (Voir en 1840).

Asile des Petites-Sœurs des pauvres (Vieillards), 62, avenue de Breteuil ; primitivement rue du Regard.

Hospice de Belleville (Vieillards), 180, rue Pelleport.

1852

Crèche de Saint-Vincent-de-Paul, 84, rue Martre, à Clichy (Sœurs de St-Vincent-de-Paul).

Orphelinat Bonar (Jeunes filles) et **Maison de charité libre,** 5, rue de la Parcheminerie, et 1, rue Boutebrie (Sœurs de St-Vincent-de-Paul). Caisse des loyers annexée.

    Succursale à Coubron, par Montfermeil (Seine-et-Oise).

    — (Jeunes filles), place Condorcet, à Bourg-la-Reine (Sœurs de St-Vincent-de-Paul).

Œuvre du patronage des enfants de Saint-Vincent-de-Paul, 33, rue Cassette. *Disparue.*

Asile des petits orphelins, 119, rue de Ménilmontant ; primitivement 23, rue Pascal (Sœurs de St-Vincent-de-Paul).

Patronage des apprentis et des jeunes ouvriers, 48, rue de Grenelle (Frères des Écoles chrétiennes).

— 11, impasse St-Ambroise,   — id. —

— **des apprenties et des jeunes ouvrières**, 13, rue du Roule (Sœurs de St-Vincent-de-Paul).

— 11, rue du Fauconnier,   — id. —

— 8, rue Rollin (Sœurs de Ste-Marie).

— 77 et 182, rue de Grenelle (Sœurs de St-Vincent-de-Paul).

— 50, rue de Clichy (Sœurs de la Présentation de la Ste Vierge).

— 8, rue Singer (Sœurs de St-Vincent-de-Paul).

— 119, rue de Ménilmontant,   — id. —

— 98, rue de l'Église.

Cercle catholique des étudiants de Paris, 18, rue Luxembourg ; primitivement rues Férou, Mézières et Cassette.

Alliance des unions chrétiennes de jeunes gens (protestants) de Paris, 14, rue de Trévise.

Patronages, Consultations médicales gratuites et Maisons de famille à :

Paris-Centre, 14, rue de Trévise (1852),

Paris-Luxembourg, 32, rue de Vaugirard (1874),

Paris-Batignolles, 28, rue La Condamine (1874),

Paris-Montmartre, 10, boulevard Ornano (1875),

Paris-Belleville, 25, rue Julien-Lacroix (1859),

Les Ternes-Levallois, 39, rue Lannois (1875),

Vincennes, 37, rue de Montreuil (1869).

Maison de charité libre, 47, rue Vieille-du-Temple (Sœurs de St-Vincent-de-Paul).

— 63, rue des Meuniers,   — id. —

— 39, rue St-André-des-Arts,   — id. —

— 160, rue de Crimée,   — id. —

— 95, rue de Monceau,   — id. —

— 83, Grande-Rue, au Grand-Montrouge,   — id. —

— **et de retraite** (Femmes âgées indigentes), Ouvroir de dames annexé, 19, rue Salneuve (Sœurs de Ste-Marie).

R. U. P.

Succursale (Hommes âgés indigents), 78, rue des Capucins, aux Andelys, Eure (Sœurs de St-Vincent-de-Paul).

Maison des Sœurs de Saint-Charles (Placement de jeunes filles d'Alsace-Lorraine), 30, rue de l'Aqueduc; primitivement rue de Meaux et rue Lafayette.

Patronage de jeunes filles, 23, rue de Château-Landon.

Œuvre du rachat (anti-esclavagiste), au Presbytère de la paroisse St-Roch. *Disparue.*

— **des Sœurs de Bon-Secours de Troyes** (Gardes-malades des pauvres).

8 maisons à Paris : 18, rue du Cloître-St-Merri,
12, rue Charles V,
52, rue Jacob,
57, rue Madame,
33, rue Babylone,
48, rue du Rocher,
2, rue de l'Annonciation,
7, rue Bonin, à Colombes.

— **des dernières prières** ou **des aumôniers des cimetières.** *Disparue.*

Maison de retraite Sainte-Anne (Dames âgées), 68, avenue du Roule, à Neuilly (Sœurs de la Charité et de l'Instruction chrétiennes).

Hôpital Rothschild (Indigents israélites), Consultations, Dispensaire, 75, rue de Picpus; Dépendance du *Comité de bienfaisance israélite* (Voir en 1809).

16 Sociétés de secours mutuels approuvées.

1853

Cantine scolaire du Comité de bienfaisance israélite, 17, rue St-Georges (Voir en 1809)

Patronage des apprentis et des jeunes ouvriers, 12, rue du Buisson-St-Louis (Frères des Écoles chrétiennes).

— 7, rue des Ursulines, à St-Denis (Frères des Écoles chrétiennes.

— **des apprenties et des jeunes ouvrières**, 9, rue Perronet (Sœurs de St-Vincent-de-Paul).

— 81, rue d'Angoulême,   — id. —

— 12, rue de la Parcheminerie,   — id. —

— 10, rue des Guillemites.   — id. —

— (Caisse de loyers annexée), 25, rue de Varennes.

— **et Maison de charité libre**, Dispensaire annexé, 8, rue du Cloître-St-Merri (Sœurs de St-Vincent-de-Paul).

Comité de patronage des jeunes apprentis de l'Église réformée, 4, rue de l'Oratoire.

Maison de charité libre et Orphelinat (Jeunes filles), 5, rue Ruty (Sœurs de St-Vincent-de-Paul).

— 48, rue Stephenson (Sœurs de St-Vincent-de-Paul).

— 69, rue du Cardinal-Lemoine,   — id. —

— 2, rue Frileuse, à Gentilly,   — id. —

— 106, Grande-Rue, à Champigny.   — id. —

Société des amis des pauvres des Batignolles, Comité siégeant chez son Président.

Maison des Sœurs aveugles de Saint-Paul (Assistance par le travail des enfants aveugles), 88, rue Denfert-Rochereau ; précédemment rue des Postes, à Vaugirard et à Bourg-la-Reine. R. U. P.

Association pour le repos du dimanche, 35, rue de Grenelle.

30 Sociétés de secours mutuels approuvées.

Œuvre des Sœurs de l'Espérance (Gardes-malades des pauvres), Annexe de l'*Œuvre des Dames de la Sainte-Famille*, 34, rue de Clichy.

— 106, rue du Faubourg-St-Honoré.

Asile de convalescence (Enfants), à la Roche-Guyon (Seine-et-Oise), Dépendance de l'Assistance publique (Sœurs de la Compassion de la Ste Vierge).

— **Mathilde**, Dépendance de l'*Œuvre de Notre-Dame des Sept Douleurs* (Jeunes filles incurables), 42, avenue du Roule, à Neuilly; précédemment rues du Faubourg-St-Honoré et de Plaisance (Sœurs de St-Vincent-de-Paul). R. U. P.

Asile des Petites-Sœurs des pauvres (Vieillards), 73, rue Picpus; primitivement rue des Postes et boulevard Mazas.

Hôpital Trousseau, antérieurement *Maison de la Couche* et *Hôpital Sainte-Eugénie* (Enfants), Dispensaire annexé, 89, rue de Charenton.

Maison annexe de l'Hôpital Rothschild (Vieillards israélites), 75, rue de Picpus.

Caisse de retraite des employés et ouvriers commissionnés de la Compagnie des chemins de fer de l'Est.

Institutions patronales de la Compagnie en 1900 :

Caisse de prévoyance (1853); — Service médical et secours divers; — Logements gratuits et maisons ouvrières à Chalindrey et Romilly; — Primes d'entretien, d'économie et de parcours; — Allocations aux familles nombreuses; — Subventions à 21 sociétés coopératives de consommation; — École primaire à Igney-Avricourt; — Cours professionnels d'apprentissage à la Villette, Épernay, Romilly et Mohon; — 190 Bourses annuelles à la disposition d'enfants d'agents.

1854

Orphelinat Saint-Charles (pour les deux sexes), 147, rue Blomet (Sœurs de Notre-Dame-des-Anges). R. U. P.

Succursales à Clamart, 1, rue Fauveau, et à Morangis (Seine-et-Oise).

— (Jeunes filles), 39, rue Jenner (Sœurs de St-Vincent-de-Paul).

— 63, rue des Meuniers.   — id. —

— évangélique des Batignolles (Jeunes filles), 15, rue Clairaut; primitivement 30, rue St-Étienne.

Patronage des apprentis et des jeunes ouvriers, 14, rue des
Petits-Carreaux (Frères des Écoles chrétiennes).

— 34, rue de Courcelles.

— **des apprenties et des jeunes ouvrières**, 90, rue de
Sèvres (Sœurs de la Croix).

— 9, rue Nicole (Sœurs de St-Vincent-de-Paul).

— 10, rue du Canal-St-Martin,   — id. —

— 6, rue Rocroi,   — id. —

— 16, rue Basfroi,   — id. —

— 142, rue Oberkampf,   — id. —

— 10, rue Christophe-Colomb (Sœurs de la Sagesse).

— 129, rue des Imbergères, à Sceaux (Sœurs de la Croix).

Cercle et Maison de famille des Francs-Bourgeois, primitivement *Cercle de la jeunesse* (Jeunes gens), 212, rue St-Antoine
(Frères des Écoles chrétiennes).

Ouvroir interne des orphelines, 27, rue de la Fromagerie, à
St-Denis (Sœurs de St-Vincent-de-Paul).

Maison de charité libre et Orphelinat (Jeunes filles), 5, rue des
Vallées, à Châtenay (Sœurs de St-Vincent-de-Paul).

— **des Sœurs de Bon-Secours de Troyes** (Gardes-malades
des pauvres), 2, rue de l'Annonciation.

— **de convalescence** (Jeunes filles), Dépendance de l'Assistance publique, à Forges-les-Bains.

Refuge Sainte-Anne (Jeunes filles égarées et repenties), 17, rue
de Paris, à Châtillon-sous-Bagneux; primitivement rue de Vaugirard, boulevard Montparnasse, boulevard St-Jacques, à Clichy-la-
Garenne (Religieuses dominicaines). R. U. P.

Fondation Rodriguez (Secours annuels attribués à des vieillards
par suite de legs à la Ville de Paris).

9 Sociétés de secours mutuels approuvées.

Asile municipal (Vieillards), à Boulogne-sur-Seine, rue St-Denis.
Disparu.

— **de la Muette** (Vieillards protestants), rue du Sergent-Bauchat;
primitivement rue des Boulets. R. U. P.

— **des Petites-Sœurs des pauvres** (Vieillards), 45, rue Notre-
Dame-des-Champs; primitivement rue Royer-Collard.

1855

Orphelinat, Maison de charité libre et École professionnelle (Jeunes filles), 26, place Jeanne-d'Arc; primitivement rue Nationale (Sœurs de St-Vincent-de-Paul).

— et **Maison de charité libre**, 8, rue Championnet (Sœurs de St-Vincent-de-Paul).

— et **Ouvroir Sainte-Marie**, 16, rue Turgis, à Malakoff (Sœurs de St-Vincent-de-Paul).

— (Jeunes filles protestantes), 63, rue Pernety; primitivement rue du Transit, à Plaisance. R. U. P.

Asile de Bon-Secours, Orphelinat luthérien (Jeunes gens), 93, rue Alexandre-Dumas; antérieurement 125, rue de la Roquette, et 99, rue de Charonne.

Association libre pour l'éducation de la jeunesse ouvrière (Jeunes gens), Patronages, Dispensaires et Maisons de famille, 1, rue de Dantzig (Frères de St-Vincent-de-Paul). R. U. P.

15 succursales en 1900 :

VIᵉ ARROND. Maison de N.-D.-de-Nazareth, 11, rue Stanislas (1845),

— Cercle catholique d'ouvriers de Montparnasse, 126, boulevard Montparnasse (1855),

VIIᵉ — Maison de St-Jean, 9, passage Landrieu (1838),

XIᵉ — Maison St-Joseph–St-Louis, 55, boulevard de Belleville (1896),

Maison de la Ste-Famille, cité St-Michel, 31, rue des Boulets (1893),

XVᵉ — Maison St-Vincent-de-Paul, 3, rue de Dantzig (1855),

Patronage de Notre-Dame-de-la-Salette, 1 et 3, rue des Morillons (1874),

Orphelinat St-Vincent de-Paul, 50, rue Dombasle (1851),

Maison de Notre-Dame-de-Grâce, 29, rue de Lourmel (1848),

Mission Notre-Dame, 6, rue Fondary (1863),

XVIe ARROND. Maison de Notre-Dame de la Première Communion et des apprentis orphelins, 40, rue Lafontaine (1865),

XVIIIe — Maison de Notre-Dame du Bon Conseil, 140, rue Clignancourt (1899),

XXe — Maison Ste-Anne, 42, rue Planchat (1845),

BANLIEUE. Maison du Sacré-Cœur, 12, rue des Pavillons, à Puteaux (1871),

Maison St-Vincent-de-Paul, 6, rue de Jouy, à Chaville (1863).

Patronage des apprentis et des jeunes ouvriers, 26, rue Saint-Roch (Frères des Écoles chrétiennes).

— **des apprenties et des jeunes ouvrières**, 69, rue du Cardinal-Lemoine ; primitivement 3, rue des Irlandais (Sœurs de St-Vincent-de-Paul).

— 95, rue de Monceau,   — id. —
— 77, rue de Reuilly,   — id. —
— 78, rue de la Tombe-Issoire,   — id. —
— 48, rue Stephenson,   — id. —
— 27, rue de la Fromagerie, à St-Denis,   — id. —
— 23, rue de Château-Landon ; primitivement 190, rue Lafayette (Sœurs de St-Charles).
— 64, rue St-Maur (Sœurs de Ste-Marie),
— 86, rue de Flandres (Sœurs de Notre-Dame-du-Calvaire).

Orphelinat Saint-Charles (Jeunes gens), 12, rue Bossuet (Société de St-Vincent-de-Paul).

— (Jeunes filles), 68, rue Carnot, à Stains,   — id. —

Cercle des jeunes ouvriers, 126, boulevard Montparnasse, Maison de famille (Frères de St-Vincent-de-Paul).

École de travail (professionnelle) de jeunes gens israélites, 4 *bis*, rue des Rosiers ; primitivement 10, rue des Singes. R. U. P.

Œuvre du travail (Assistance par le travail des femmes indigentes), 4, rue de Berlin.

Fondation Crozatier (Prix annuel attribué par la Ville de Paris au meilleur ouvrier ciseleur).

Fourneau de la Société de Saint-Vincent-de-Paul, 1, rue de Dantzig.

Fourneau du Comité de bienfaisance israélite, rue des Juifs ;
primitivement rue Malher.

Maison de charité libre, 16, rue de Milan (Sœurs de l'Immaculée-
Conception).

— 73, rue de la Mare (Sœurs de St-Vincent-de-Paul).

— Ouvroir de dames annexé, 30, rue Geoffroy-Lasnier (Sœurs
de St-Vincent-de-Paul).

— et Patronage paroissial (Jeunes filles), 38, rue du Rendez-
Vous. — id. —

— **de Notre-Dame Auxiliatrice** (Assistance de servantes,
Placement et Retraite), 233, rue de Vaugirard ; primitivement
138, rue du Cherche-Midi (Sœurs de la Croix).

— **des Sœurs de la Providence** (Gardes-malades des pauvres),
à Bonneuil.

4 Sociétés de secours mutuels approuvées.

Asile national de Vincennes (Hommes convalescents).

**Caisse de retraites du personnel de la Compagnie des chemins
de fer du Nord.**

Institutions patronales de la Compagnie en 1900 :

Service médical et secours divers, — Économats, — Logements gratuits et habitations économiques, — Primes aux
familles nombreuses, — Prêts (Fonds Léon Say), — Dots
(Fondation Rothschild), — Bourses (Fondations Mathias et
Saint-Didier), — Primes de régularité, de parcours et d'économie, — École professionnelle à la Chapelle, — Bourses
et subventions diverses.

1856

Œuvre familiale pour les orphelins de la Seine, primitivement
Orphelinat du Prince Impérial (Dépendance du Ministère de
l'intérieur). R. U. P.

Orphelinat du faubourg Saint-Antoine, primitivement *Maison Eugène-Napoléon* (Jeunes filles), 254, rue du Faubourg-St-Antoine (Sœurs de St-Vincent-de-Paul). R. U. P.

— (Jeunes filles), 6, rue Camille-Mouquet, à Conflans (Religieuses du Bon Pasteur).

Œuvre de Notre-Dame-des-Arts, successivement rue du Rocher, boulevard d'Argenson et rue Dufrénoy. *Disparue.*

Patronage des apprenties et des jeunes ouvrières, 27, rue de la Chaussée-d'Antin (Sœurs de la Présentation de la Ste-Vierge).

— 82 *bis*, rue de l'Abbé-Groult (Sœurs de la Croix-St-André).

— 40, rue Rouelle (Sœurs de St-Vincent-de-Paul).

— 5, rue Jean-Cottin,   — id. —

— 73, rue de la Mare,   — id. —

— 17, place de l'Église, à Fontenay-aux-Roses, — id. —

— 102, Grande-Rue, à Champigny,   — id. —

Maison de charité libre, 91, rue de Paris, à Puteaux (Sœurs de St-Vincent-de-Paul).

École de sourdes-muettes, Classe enfantine et Ouvroir, 55, Grande-Route d'Orléans, à Bourg-la-Reine (Sœurs de Notre-Dame-du-Calvaire). R. U. P.

11 Sociétés de secours mutuels approuvées.

Maison des Sœurs auxiliatrices des âmes du Purgatoire (Gardes-malades des pauvres), Patronage annexé, 16, rue de la Barouillère.

Succursale, 9, rue Antoinette.

— **des Sœurs de Bon-Secours de Troyes** (Gardes-malades des pauvres), 12, rue Charles V,

— 48, rue du Rocher.

— **des Sœurs de Notre-Dame-du-Calvaire** (Retraite), 53, Grande-Rue, à Bourg-la-Reine.

Société internationale des études pratiques d'économie sociale, 54, rue de Seine; primitivement 174, boulevard St-Germain. R. U. P.

Caisse de retraites des agents classés de la Compagnie des chemins de fer de l'Ouest.

Institutions patronales de la Compagnie en 1900 :

Société de secours et de prévoyance des agents non classés (1860), — Service médical et secours divers, — Primes de régularité et d'économie, — Économat (1875), — Logements gratuits, — Allocations de famille, — Avances sans intérêt, — Asile, 163, avenue de Clichy (1875), comprenant une crèche, une école maternelle, une école primaire et une école professionnelle (jeunes filles), — 46 Bourses dans divers orphelinats.

Caisse de retraites des agents de la Compagnie des chemins de fer de Paris-Lyon-Méditerranée.

Institutions patronales de la Compagnie en 1900 :

Service médical et secours divers, — Primes aux familles nombreuses, — Habitations économiques à Paris, Laroche, Oullins, Veynes et Villeneuve-Saint-Georges, — Ouvroir à Paris, rue des Meuniers, à Laroche et Villeneuve-Saint-Georges, — Écoles et asiles maternels à Laroche et Villeneuve-Saint-Georges, — Réfectoires aux ateliers à Paris et Villeneuve-Saint-Georges, — Subventions à diverses sociétés coopératives de consommation, — 152 Bourses dans divers établissements.

Constitution de pensions de retraites des agents de la Compagnie des chemins de fer d'Orléans.

Institutions patronales de la Compagnie en 1900 :

Service médical et secours divers, — Avances, — Indemnités de résidence, — Primes aux familles nombreuses, — Économat (denrées, vestiaire) à Paris, Orléans, Tours, Bordeaux et Périgueux, — Réfectoire à Paris, — Cours professionnels à Paris, — École-ouvroir (jeunes filles) à Paris, — Subventions à la société de secours mutuels et de prévoyance des employés et ouvriers (1865), — Avances aux habitations économiques d'Ivry, Bordeaux, et à diverses sociétés coopératives, notamment *Le Cottage d'Athis*, *La Ruche de Périgueux* et la *Société Tourangelle*, — 20 Bourses dans divers établissements.

1857

Orphelinat israélite Rothschild (pour les deux sexes), 7, rue Lamblardie; précédemment 4 *bis*, rue des Rosiers. R. U. P.

Patronage des apprentis et des jeunes ouvriers, 21, rue Lhomond (Frères des Écoles chrétiennes).

— **des apprenties et des jeunes ouvrières**, 3, rue Oudinot (Sœurs de St-Vincent-de-Paul).

— 39, rue Jenner,   — id. —

— 29, rue Gassendi,   — id. —

— 26, place Jeanne-d'Arc,   — id. —

— 37, rue Caulaincourt,   — id. —

— 160, rue de Crimée,   — id. —

— 210, Faubourg-St-Antoine (Sœurs de la Charité et de l'Instruction chrétienne).

— 70, rue des Haies (Sœurs de la Providence).

— 42, avenue de la République, à Montrouge (Sœurs de St-Vincent-de-Paul).

— 8, rue des Bordeaux, à Charenton,   — id. —

— 49, passage Junot, à St-Maurice,   — id. —

Maison de charité libre, 117, rue Ordener. *Disparue.*

— et Patronage annexé, 45, rue du Trosy, à Clamart. — id. —

— — id. — 41, rue St-Denis, à St-Ouen (Sœurs de St-Vincent-de-Paul).

— et **Fourneau communal**, à Clamart,   — id. —

Diaconat de l'Église luthérienne de Paris (Assistance des indigents de l'Église luthérienne), rue Chauchat.

Œuvre de Notre-Dame de Bethléem (Refuge pour femmes sans asile), à Antony; primitivement 115, rue Notre-Dame-des-Champs.

Maison des Sœurs de Bon-Secours de Troyes (Gardes-malades des pauvres), 33, rue de Babylone.

6 Sociétés de secours mutuels approuvées.

Société des amis des sciences (Secours aux savants), 79, boulevard St-Germain. R. U. P.

Caisse de retraites des agents de la Compagnie des chemins de fer du Midi.

Institutions patronales de la Compagnie en 1900 :

Caisse de prévoyance (1857), — Service médical et secours divers, — Primes aux agents méritants et aux familles nombreuses, — Économat (comestibles et vestiaire), — Réfectoire à Bordeaux, — École primaire à Morcenx (1864), — 9 Bourses annuelles en faveur des enfants d'agents.

1858

Orphelinat (Jeunes filles), 160, rue de Crimée ; primitivement place de l'Église de la Villette (Sœurs de St-Vincent-de-Paul).

— **et Maison de charité libre**, 15, rue du Moulin, à Créteil ; primitivement 20, rue de la Ruette,   — id. —

— 7, rue de la Courneuve, à Aubervilliers,   — id. —

— place Condorcet, à Bourg-la-Reine,   — id. —

— place de l'Église, à Fontenay-aux-Roses,   — id. —

Patronage des apprentis et des jeunes ouvriers, 228, rue Lafayette (Frères des Écoles chrétiennes).

— 91, avenue de Choisy,   — id. —

— **des apprenties et des jeunes ouvrières**, 4, rue St-Hyacinthe (Sœurs de St-Vincent-de-Paul).

— 7, rue Poulletier,   — id. —

— 44, rue Vandrezanne,   — id. —

— 22, rue Bayen ; primitivement, 15, rue Guersant, — id. —

— 8, rue Championnet,   — id. —

— 5, rue des Tourelles, à Arcueil-Cachan,   — id. —

— 91, rue de Paris, à Puteaux,   — id. —

Maison de charité libre, 23, rue aux Ours (Sœurs de l'Immaculée-Conception).

— 44, rue Vandrezanne (Sœurs de St-Vincent-de-Paul).

— et **Fourneau**, à Aubervilliers,   — id. —

11 Sociétés de secours mutuels approuvées.

Maison des Sœurs de Bon-Secours de Troyes (Gardes-malades des pauvres), 52, rue Jacob.

Œuvre des Sœurs Auxiliatrices de l'Immaculée-Conception (Gardes-malades des pauvres).

> 4 Maisons en 1900 : 23, rue aux Ours,
> 78, rue de la Fontaine,
> 28, rue de Flandre,
> 59, rue des Tilleuls, à Boulogne.

— **évangélique des papiers de mariage** (Indigents protestants), 26, rue du Caire.

Retraite Sainte-Geneviève (Dames convalescentes), à l'Hay, 6, rue Bronzac (Sœurs de St-Vincent-de-Paul).

Asile des jeunes garçons infirmes et pauvres, 223, rue Lecourbe (Frères de St-Jean-de-Dieu).

Hôpital militaire de Vincennes, Dépendance du Ministère de la guerre (Sœurs de St-Vincent-de-Paul).

Association des membres de l'enseignement (Prévoyance et Secours mutuels), 25, rue Bergère. R. U. P.

— **des voyageurs de commerce** (Secours mutuels), 64, boulevard Sébastopol. R. U. P.

1859

Œuvre de l'Adoption, 9, rue Casimir-Delavigne ; primitivement 43, rue des Tournelles. R. U. P.

Orphelinat Sainte-Marie-des-Batignolles (Jeunes filles), 19, rue Salneuve (Sœurs de Ste-Marie). R. U. P.

— **des Dominicaines de Neuilly** (Jeunes filles), 18, avenue Ste-Foy.

— (Jeunes filles), **Maison de charité libre** et **Maison de retraite Saint-Joseph**, 7, rue des Tournelles, à Arcueil-Cachan (Sœurs de St-Vincent-de-Paul). R. U. P.

— (Jeunes filles) et **Maison de charité libre**, 7, rue Ernest-Baroche, au Bourget,   — id. —

Orphelinat et Maison de convalescence, 11, rue Sadi-Carnot, au Drancy (Sœurs de St-Vincent-de-Paul).

Maison de famille des unions chrétiennes de jeunes gens, 25, rue Julien Lacroix.

Patronage des apprenties et des jeunes ouvrières, 52, rue des Tournelles (Sœurs de St-Vincent-de-Paul).

— 58, rue Charlot (Sœurs de St-Charles).

— 16, rue de Milan (Sœurs de l'Immaculée-Conception).

— 12, rue Crocé-Spinelli (Sœurs des Écoles chrétiennes).

— 11, rue des Poissonniers, à Neuilly (Sœurs de St-Vincent-de-Paul).

— 84, rue Martre, à Clichy-la-Garenne,   — id. —

— 7, rue Ernest-Baroche, au Bourget,   — id. —

— et **Maison de charité libre**, 7, rue de la Courneuve, à Aubervilliers,   — id. —

Maison de charité libre, 10, rue Alibert,   — id. —

— et **Orphelinat** (Jeunes filles), 60, rue de St-Germain, à Nanterre,   — id. —

Vestiaire du Comité de bienfaisance israélite, 1, rue St-Claude; précédemment rue des Rosiers (Voir 1809).

Œuvre des écoles d'Orient (Entretien d'écoles, asiles, crèches, orphelinats et refuges), Siège à Paris, 20, rue du Regard.

Actuellement 600 écoles subventionnées, 50,000 élèves de tout sexe et de tout culte.

10 Sociétés de secours mutuels approuvées.

Maison des Sœurs de Bon-Secours de Troyes (Gardes-malades des pauvres), 57, rue de Madame.

— des **Sœurs du Sacré-Cœur de Marie**, 28, rue Lamarck.

Asile Sainte-Hélène, Dépendance de l'*Œuvre des jeunes convalescentes de Sainte-Marie-Mathilde*), à Epinay-sous-Sénart; précédemment à Fublaines (Seine-et-Marne), (Sœurs de St-Vincent-de-Paul). R. U. P.

Maison de convalescence (Femmes et enfants protestants), 127, rue de Longchamp; précédemment rue de l'Assomption, à Auteuil, à Levallois-Perret et rue Franklin (Dames Diaconesses).

Asile national du Vésinet (Femmes convalescentes).

1860

Orphelinat du Saint-Nom-de-Jésus (Jeunes filles), 185, rue de Vanves (Sœurs du St-Nom de Jésus).

— **de la Sainte-Famille** (Jeunes filles), 41, rue Lhomond (Sœurs servantes du Cœur de Marie).

Succursale 24, rue de Fresnes, à la Rue (Seine).

— **et Ouvroir de l'Immaculée-Conception** (Jeunes filles), 27, rue de la Voie-Verte (Sœurs de St-Joseph de Cluny).

— **Marie-Joseph et Maison de charité libre**, 35, rue de la Glacière (Sœurs de St-Vincent-de-Paul).

— (Jeunes filles) **et Maison de charité libre**, 1, rue Pavée, à Bagneux,   — id. —

— 91, rue de Paris, à Puteaux,   — id. —

— **de la Providence** (Jeunes filles), 21, rue Mougenot, à St-Mandé,   — id. —

— **Saint-Raphaël** (Jeunes filles repenties), Patronage annexé, 297, rue St-Jacques (Religieux Eudistes).

Succursale à Antony, Maison de famille à Auteuil.

Patronage des apprentis et des jeunes ouvriers, 68, rue d'Assas (Frères des Écoles chrétiennes).

— **des apprenties et des jeunes ouvrières**, 22, rue Montgolfier (Sœurs de St-Vincent-de-Paul).

— 10, rue Alibert,   — id. —

— 110, rue de Paris, à Ivry (Sœurs de la Croix St-André).

— 5, rue de l'Abbé-Houel, à Romainville (Sœurs de la Providence).

Société de patronage des ramoneurs, fumistes et autres ouvriers nomades des rues de Paris (Reconstitution de l'œuvre de 1732), 6, impasse des Bœufs.

Réorganisation des Bureaux de bienfaisance (20 Bureaux).

Maison de charité libre, rue Crelté-de-Paluel, à Dugny (Sœurs de St-Vincent-de-Paul).

17 Sociétés de secours mutuels approuvées.

Œuvre de Notre-Dame de l'Assistance (Gardes-malades des pauvres, Mariages, Assistance maternelle), 350, rue de Vaugirard ; primitivement 3, rue Cassini.

— **de la visite des malades protestants dans les hôpitaux.** Comité de Dames siégeant chez la Présidente.

Maison des Sœurs Auxiliatrices de l'Immaculée-Conception (Gardes-malades des pauvres), 78, rue de la Fontaine.

— **des religieuses du Saint-Sacrement** (Retraite), 76, rue du Rocher.

— **de santé et de convalescence**, 68, Chaussée de l'Étang, à St-Mandé.

— **du Docteur Duhamel** (Asile privé d'aliénés), 104, Grande-Rue-de-la-République à St-Mandé.

Asile de Notre-Dame-de-Bon-Repos (Vieillards indigents), 128, rue Blomet (Sœurs de Notre-Dame du Calvaire).

Maison de retraite Decaen, 51, Grande-Rue, à Montrouge.

— (Dames âgées), 2, rue Frileuse, à Gentilly (Sœurs de St-Vincent-de-Paul).

Hôpital militaire Saint-Martin, *ancien Hospice des incurables*, Dépendance du Ministère de la guerre, 8, rue des Récollets (Sœurs de St-Vincent-de-Paul).

Hospice d'Ivry (Vieillards incurables), Consultations, Dispensaire, rue du Clos-de-l'Hôpital.

1861

Orphelinat (Jeunes filles), 106, rue de Vaugirard (Sœurs de la Présentation de la Ste Vierge) R. U. P.

Patronage des apprentis et des jeunes ouvriers, 8, rue Gît-le-Cœur (Frères des Écoles chrétiennes).

— 6, rue St-Luc, — id. —

— dit **Sainte-Rosalie**, 65, rue Corvisart (Société de St-Vincent-de-Paul).

Ouvroir industriel, rue du Faubourg-St-Denis, transféré aux Andelys (Eure).

École professionnelle (Jeunes filles), 44, rue Vandrezanne (Sœurs de St-Vincent-de-Paul).

Maison de charité libre, 18, rue de la Tour-d'Auvergne; primitivement 60, rue Rodier, à Pantin (Sœurs de St-Vincent-de-Paul).

Fondation Boucher de Perthes (Prime annuelle d'assistance allouée par la Ville de Paris aux ouvrières les plus méritantes).

— **Odièvre** (Prime annuelle d'assistance attribuée par la Ville de Paris aux ménages indigents de la commune de la Chapelle).

Association des demoiselles employées dans le commerce (Secours mutuels), Maison de famille annexée, 106, rue de Vaugirard (Sœurs de la Présentation de Marie). R. U. P.

Succursale à Vanves.

4 Sociétés de secours mutuels approuvées.

Maison des Sœurs de la Providence (Gardes-malades des pauvres), 6, rue des Haies.

— **des Sœurs de Sainte-Marie de la Famille** (Gardes-malades des pauvres), 3, rue Bridaine.

— **Sainte-Anne d'Auray** (Asile de vieillards), 5, rue de Fontenay, à Châtillon-s-Bagneux (Sœurs de St-Vincent-de-Paul).

— **de Notre-Dame** (Retraite de Dames âgées), à Châtillon-sous-Bagneux (Sœurs de Notre-Dame).

Hôpital de Berck-sur-Mer (Enfants). Dépendance de l'Assistance publique.

1862

Œuvre des femmes en couches, Comité de Dames siégeant chez la Présidente.

Orphelinat général maçonnique. *Disparu* (Voir 1872).

— **Saint-Louis** (Garçons), 67, rue de Sèvres (Sœurs de St-Vincent-de-Paul).

Orphelinat de l'œuvre de Saint-Raphaël (pour les deux sexes), 2, place du Carrousel, à Antony.

Œuvre des Pupilles de la marine, au Ministère de la marine.

École professionnelle municipale (Jeunes filles), Ancienne *École Élisa-Lemonnier*, 24, rue Duperré,

    41, rue des Boulets,

    7, rue de Poitou ;

    primitivement 9, rue de la Perle,

    et 31, rue des Francs-Bourgeois.

Société de protection des enfants du papier peint, 43, boulevard Diderot.

— **des prêts de l'enfance au travail**, au Crédit foncier. *Disparue.*

— **d'encouragement au bien**, 66, rue Caumartin. R. U. P.

— **protestante de bienfaisance des Batignolles**, dite **Société des Dames des Batignolles**, Comité siégeant chez sa Présidente.

Œuvre des Flamands (Assistance des Belges indigents), Patronage, Cercle, Secours mutuels, Mariages ; 181, rue de Charonne ; primitivement rue des Boulets.

1 Société de secours mutuels approuvée.

Maison de convalescence, rue de Sèvres. *Disparue.*

Asile protestant d'incurables (Femmes) et **Asile maternel**, 5, rue St-Denis, à Nanterre ; primitivement rue Saussure, à Batignolles (Dames Diaconesses). R. U. P.

1863

Orphelinat (Jeunes filles), 13, rue du Roule ; antérieurement 17, rue de l'Arbre-Sec (Sœurs de St-Vincent-de-Paul).

— 2, rue Frileuse, à Gentilly — id. —

Maison Saint-Vincent-de-Paul, Patronage d'écoliers, apprentis et jeunes ouvriers, 6, rue de Jouy, à Chaville (Frères de St-Vincent-de-Paul).

Maison de charité libre, Orphelinat (Jeunes filles) **et Patronage des apprenties et des jeunes ouvrières**, 92, boulevard Montparnasse; primitivement 149, rue de Vaugirard (Sœurs de St-Vincent-de-Paul).

— **et Orphelinat de la Providence Saint-Joseph** (Jeunes filles), Asile de vieillards, Fourneau et Vestiaire, 10, rue des Bordeaux, à Charenton-le-Pont,   — id. —

Ouvroir Sainte-Geneviève (Jeunes filles), 14, rue de la Parcheminerie (Sœurs de St-Vincent-de-Paul).

École professionnelle (Jeunes filles), 48, rue Stephenson (Sœurs de St-Vincent-de-Paul).

— 39, rue Jenner (Sœurs de St-Vincent-de-Paul),   — id. —

— **de l'imprimerie Chaix** (Jeunes gens), 20, rue Bergère.

Caisse de retraite des Pasteurs de l'Église réformée de France, 5, rue Roquépine. R. U. P.

5 Sociétés de secours mutuels approuvées.

Mission Notre-Dame, pour les catholiques allemands, 6, rue Fondary (Frères de St-Vincent-de-Paul).

Gesellenverein ou Association Kolping, pour jeunes gens, Liebfrauen, Mission ou Patronage de jeunes filles, Marienheim, ou Asile de jeunes allemandes, Placement.

1864

Orphelinat Saint-Augustin (Jeunes filles), 95, rue de Monceau; antérieurement rue du Général-Foy (Sœurs de St-Vincent-de-Paul).

— **Saint-Georges et Maison de charité libre** (Jeunes filles), 20, rue Bouret,   — id. —

— (Jeunes filles), 54, rue Vandrezanne,   — id. —

— (Jeunes filles), rue Cretté-de-Paluel, à Dugny,   — id. —

Patronage des apprenties et des jeunes ouvrières, 19, rue Salneuve (Sœurs de Ste-Marie).

Société protestante des anciens catéchismes. *Disparue.*

Maison de charité libre, 78, rue de Lauriston (Sœurs de la
    Sagesse).
    — 64, rue St-Maur, Asile de vieillards annexé (Sœurs de Ste-
        Marie).
Comité de patronage et de placement des réfugiés polonais.
Disparue.
3 Sociétés de secours mutuels approuvées.
Société dite la **Mutualité commerciale** (Prévoyance et Secours
    mutuels), 3, rue Turbigo. R. U. P.
Asile des Petites Sœurs des pauvres (Vieillards), 13, rue Phi-
    lippe-de-Girard.
    — **des Sœurs de Sainte-Marie** (Vieillards), rue St-Maur.
Maison des incurables Rothschild (pour les deux sexes), 75, rue
    Picpus, Dépendance du Comité de bienfaisance israélite (Voir 1809
    et 1852).

1865

Société protectrice de l'enfance, 5, rue de Suresne. R. U. P.
Orphelinat (Jeunes filles), 44, rue Violet (Sœurs de St-Paul de
    Chartres).
    — **et Ouvroir Sainte-Geneviève**, 15, rue Guersant (Sœurs de
        St-Vincent-de-Paul).
Patronage des apprentis et des jeunes ouvriers, 101, route de
    Flandre, à Aubervilliers (Frères des Écoles chrétiennes).
    — **des apprenties et des jeunes ouvrières**, 78, route de
        Flandre, aux Quatre-Chemins (Sœurs de St-Charles).
    — 6, rue Bronzac, à l'Hay (Sœurs de St-Vincent-de-Paul).
    — 15, avenue de Paris, à Choisy-le-Roi (Sœurs de la Croix).
Maison de famille de la Société des amis de l'enfance (Jeunes
    gens), 15, rue de Crillon.
    — **de charité libre**, 37, rue Caulaincourt (Sœurs de St-Vin-
        cent-de-Paul).

Maison de charité libre, à Bry-sur-Marne,   — id. —

— à Montreuil-sous-Bois,   — id. —

École professionnelle (Jeunes filles), 10, rue de Rocroi (Sœurs de St-Vincent-de-Paul).

— **professionnelle et ménagère** (Jeunes filles), Dépendance des œuvres ouvrières de Notre-Dame-du-Rosaire, 186, rue de Vanves.

— **nationale des arts décoratifs** (Jeunes gens), 5, rue de l'École-de-Médecine.

Société de bienfaisance italienne, 92, boulevard de Courcelles.

— **française de secours aux blessés militaires des armées de terre et de mer**, primitivement *Comité central français de la Croix-Rouge*, Cours d'ambulance, 19, rue Matignon. R. U. P.

En 1895 : 470 Comités, 68 infirmeries de gare, 25 hôpitaux auxiliaires de campagne, 650 hôpitaux éventuels, 200 dépôts.

— **générale de sauvetage des naufragés**, 1, rue de Bourgogne ; primitivement 55, rue du Bac. R. U. P.

En 1900 : 86 stations de canots.

13 Sociétés de secours mutuels approuvées.

Maison des Sœurs de l'Espérance (Gardes-malades des pauvres), 106, rue du Faubourg-St-Honoré.

Œuvre des Petites-Sœurs de l'Assomption (Gardes-malades des pauvres).

En 1900, 10 Maisons dans le département de la Seine :

9, avenue Beaucour (1865),

57, rue Violet (1870),

19, rue Pasteur (1874),

39, rue Nollet (1872),

172, rue Championnet (1866).

6, rue des Fêtes (1876),

163, rue du Bois, à Levallois-Perret (1877),

10, rue des Moulineaux, à Issy (1885),

117, route de St-Germain, à Puteaux (1888),

8, avenue de Paris, à Thiais (1877).

Maison de santé du Docteur Tarius (Aliénés), 8, avenue de Paris, à Épinay-sur-Seine.

— de **Notre-Dame-de-la-Première-Communion et des apprentis orphelins**, 40, rue La Fontaine (Frères de St-Vincent-de-Paul).

Orphelinat et École professionnelle annexés.

1866

Crèche Notre-Dame-de-Bonne-Nouvelle, 218, rue St-Denis.

Maison de la Sainte-Enfance, rue de Reuilly. *Disparue.*

Orphelinat Génin (Jeunes gens), 12, place aux Gueldres, à St-Denis (Sœurs de St-Vincent-de-Paul).

— (Jeunes filles), 41, rue St-Denis, à St-Ouen (Sœurs de St-Vincent-de-Paul).

— (Jeunes filles) et **Maison de charité libre**, 117, avenue Victor-Hugo (Sœurs de la Sagesse).

Société de protection des apprentis et des enfants employés dans les manufactures, 44, rue de Rennes; primitivement 16, rue de l'Abbaye.

Annexes : Œuvres de l'assistance judiciaire, des accidents de fabrique et d'atelier, des bibliothèques, du placement des apprentis.

Œuvre des maisons de campagne pour les petits orphelins de Paris. *Disparue.*

Société pour l'instruction et la protection des sourds-muets, 28, rue Serpente; précédemment 14, quai de la Mégisserie. R. U. P.

Patronage industriel des enfants de l'ébénisterie, 77, avenue Ledru-Rollin.

Société de bienfaisance des jeunes gens de l'Église réformée de Paris, rue Taitbout, Comité chez le Président.

— de patronage des orphelinats agricoles et des orphelins Alsaciens-Lorrains, 2, rue Casimir-Perier.

Fusionnée depuis 1893 avec la *Société des orphelins d'Alsace-Lorraine*.

Maison israélite de refuge pour l'enfance (Jeunes filles), Ateliers d'apprentissage et Placement, 19, boulevard de la Saussaye, à Neuilly ; primitivement 17, rue Lecouteux, à Romainville, puis 45, boulevard Eugène à Neuilly. R. U. P.

Cercle Saint-Philippe de Néri, 11, rue du Regard. *Disparu*.

Œuvre de Notre-Dame de Bonne-Garde (Jeunes filles), 15, rue de Monceau (Sœurs de St-Vincent-de-Paul).

Asile Sainte-Madeleine (Repenties), 81, boulevard Montparnasse ; précédemment 19, rue St-Jacques.

Maison de charité libre, 68, rue du Ranelagh (Sœurs de St-Vincent-de-Paul).

Œuvre des domestiques anglaises catholiques (Placement), rue des Pyramides. *Disparue*.

Société spéciale de secours pour les veuves et les orphelins des officiers du génie, 8, rue St-Dominique. R. U. P.

Fondation Souriau (Prix de vertu décerné par l'Académie française).

Association vosgienne de Paris (Secours mutuels et Prêts), Comité siégeant chez son Président.

Société dite **La France prévoyante** (Retraites), 64, rue de Rivoli ; primitivement 8, boulevard Magenta.

— dite **L'Union Mauriennaise** (Assistance et secours mutuels), Comité siégeant chez son Président.

11 Sociétés de secours mutuels approuvées.

Maison des Petites Sœurs de l'Assomption (Gardes-malades des pauvres), 172, rue Championnet.

— **de santé et de convalescence** (Hommes protestants), 57, boulevard Bineau ; primitivement 44, cité des Fleurs, à Batignolles, et rue Borghèse (Dames Diaconesses).

— **de la Providence** (Vieillards), Fondation Damet, Dépendance de l'Assistance publique, 19, rue Lemercier.

1867

Crèche de la Manufacture de porcelaines, 3, rue du Pont, à Choisy-le-Roi.

— **municipale**, 105, rue de Paris, à Boulogne.

— — 2, rue Marjolin.

Caisses des Écoles (Loi du 10 avril 1867), dans toutes les Mairies.

Patronage des apprenties et des jeunes ouvrières, 20, rue Bouret (Sœurs de St-Vincent-de-Paul).

— 5, impasse St-Ambroise (Sœurs des Écoles chrétiennes).

Œuvre des Écoles professionnelles catholiques (Jeunes filles), 18, rue Cassette.

École professionnelle (Jeunes filles), 157, Faubourg-St-Denis.

— 44, rue Vandrezanne (Sœurs de St-Vincent-de-Paul).

— **Sully** (Jeunes filles), 143, rue St-Antoine (Religieuses de la Compassion).

— **de dessin et de modelage** (Jeunes gens), 176, rue St-Martin.

Œuvre des apprentis de Notre-Dame des jeunes gens, 48, rue Sévigné.

École des bègues nécessiteux, avenue d'Eylau. *Disparue.*

Cercle des maçons et tailleurs de pierre, Maison de famille annexée, rue des Chantiers. R. U. P.

Société générale d'éducation et d'enseignement, 35, rue de Grenelle.

Maison de charité libre, rue de la Tombe-Issoire (Sœurs de St-Vincent-de-Paul).

— 12, place aux Gueldres, à St-Denis, — id. —

Fourneau, à la Maison de charité de Neuilly, 11, rue des Poissonniers (Sœurs de St-Vincent-de-Paul).

Dispensaire de la Caisse des écoles du XVIIIᵉ arrondissement, à la Mairie.

Magasin central des hôpitaux (Assistance par le travail), quai des Tournelles.

8 Sociétés de secours mutuels approuvées.

Asile de vieillards, 2, rue Frileuse, à Gentilly (Sœurs de St-Vincent-de-Paul).

Villa Penthièvre (Asile privé d'aliénés), rue de Penthièvre, à Sceaux.

1868

Crèche Sainte-Eugénie, 146, rue de Crimée (Sœurs de St-Vincent-de-Paul).

Orphelinat (Jeunes filles), 7, rue de la Courneuve, à Aubervilliers (Sœurs de St-Vincent-de-Paul).

— **de l'Usine Saint-Joseph** (Jeunes gens), au Bourget, —id.—

Patronage des apprenties et des jeunes ouvrières, 36, rue Audigeois, à Vitry (Sœurs de Ste-Marie).

École professionnelle catholique (Jeunes filles), 19, rue des Lions-St-Paul.

Asile du Saint-Cœur de Jésus (pour les jeunes Allemandes), rue du Théâtre; primitivement rue de Humboldt.

Société protestante du travail (Placement), 55, rue du Château-d'Eau; précédemment 92, rue d'Hauteville. R. U. P.

Caisse nationale d'assurances en cas de décès, 56, rue de Lille.

— — en cas d'accidents, — id. —

5 sociétés de secours mutuels approuvées.

Société de prévoyance pour les veuves et orphelins des adjoints du génie, au Ministère de la guerre. R. U. P.

Association de Notre-Dame de Bon-Secours (Assistance des vieillards). *Disparue.*

Réunion des Visiteuses (Soin des malades protestants à domicile), rue Bochard-de-Sarron; devenue *l'Œuvre des Diaconesses de paroisses* en 1874.

Œuvre de l'Assistance des mutilés pauvres, 3, place de la Madeleine; précédemment 43, rue de Verneuil, et 19, rue Matignon.

Asile départemental d'aliénés, à Ville-Évrard.

1869

Œuvre de la crèche à domicile, 8, cité d'Hauteville; primitivement 6, rue Rocroi (Sœurs de St-Vincent-de-Paul).

Crèche du Prince Impérial, 117, avenue Victor-Hugo. *Disparue*.
— **Saint-Marcel**, 42, rue Vandrezanne (Sœurs de St-Vincent-de-Paul).

Orphelinat industriel Sainte-Félicité (Jeunes filles), 5, rue d'Oucy, à Vitry-sur-Seine (Sœurs servantes du Cœur de Marie).
— (Jeunes filles), 48, rue Boucicaut, à Fontenay-aux-Roses (Sœurs de St-Vincent-de-Paul).

Société de l'orphelinat de la bijouterie, joaillerie, horlogerie, orfèvrerie et industries qui s'y rattachent, 2 *bis*, rue de la Jussienne; primitivement 15, rue Jean-Lantier. R. U. P.

Institut professionnel de la Providence, rue de Charonne.

Maison de famille des Unions chrétiennes de jeunes gens, 27, rue de Montreuil, à Vincennes.

Patronage des apprenties et des jeunes ouvrières, 30, rue Geoffroy-Lasnier (Sœurs de St-Vincent-de-Paul).
— 13, rue Compans; primitivement rue du Télégraphe (Sœurs de St-Charles).

Cercle des employés du faubourg Saint-Germain, 25, boulevard Montparnasse. *Disparu*.

Société de patronage pour les prisonniers libérés protestants, 26, rue Clavel; primitivement square Napoléon, 97, et 101, rue Julien-Lacroix. R. U. P.

École professionnelle (Jeunes filles), 110, rue Vieille-du-Temple.

Maison de charité libre, 20, rue des Apennins; précédemment 43, rue Gauthey (Sœurs de St-Vincent-de-Paul).

Œuvre de la machine à coudre, Dépendance du Comité de bienfaisance israélite, 17, rue St-Georges (Voir 1809).
— **des vieux papiers en faveur des anciens militaires**, rue Git-le-Cœur. *Disparue!*

4 Sociétés de secours mutuels approuvées.

Fondation Marie Lasne (Prix de piété filiale décerné par l'Académie française).

Asile Saint-Joseph (Femmes âgées indigentes), 18, rue St-Benoît (Sœurs de St-Vincent-de-Paul).

1870

Orphelinat de la Présentation (Jeunes filles), 10, rue Nicolo.

— **et École professionnelle Dorian** (Jeunes gens), Ancien *Internat professionnel des pupilles de Paris* (Fondation Cocquerel), 72, avenue Philippe-Auguste; primitivement rue Richard-Lenoir.

Société pour l'enseignement professionnel des femmes (*École Élisa Lemonnier*), 7, rue de Bruxelles.

Œuvre des libérées de Saint-Lazare, 14, place Dauphine; primitivement 5, rue Albouy. R. U. P.

Asile temporaire, 143, rue du Vieux-Pont-de-Sèvres, à Billancourt.

Maison des Petites-Sœurs de l'Assomption (Gardes-malades des pauvres), 57, rue Violet.

Fondation Grimal (Prime annuelle d'assistance attribuée par la Ville de Paris aux veuves d'ouvriers du XIᵉ arrondissement).

Œuvre du repos éternel (Sépultures israélites), Comité siégeant chez son Président.

Société des Francs-Comtois de Paris (Assistance et Secours mutuels), Comité siégeant chez son Président.

— **de secours mutuels entre anciens militaires des armées de terre et de mer**, à la Mairie du XVIᵉ arrondissement. R. U. P.

1 Société de secours mutuels approuvée.

Maison de retraite (Femmes âgées indigentes), 20, rue du Général-Foy (Sœurs de St-Vincent-de-Paul).

Asile Saint-Joseph (Retraites de Dames âgées), 3, rue Fauveau, à Clamart (Religieuses de Notre-Dame-des-Anges).

Hôpital homéopathique Hahnemann, 45, rue de Chézy, à Neuilly ; primitivement 22, rue Laugier, et 11, rue Chauveau, (Sœurs de St-Vincent-de-Paul). R. U. P.

1871

Société de l'Orphelinat de la Seine pour l'assistance et l'apprentissage des orphelins et des enfants abandonnés, 28, rue St-Lazare ; précédemment 27, boulevard Henri IV. R. U. P. Succursale, 7, rue Louis-Blanc, à la Varenne-St-Hilaire.

Orphelinat (Jeunes filles), 37, rue Gauthey ; primitivement 43, même rue, et 20, rue des Apennins (Sœurs de Ste-Marie).

— **des apprentis d'Auteuil** (École professionnelle de jeunes gens), Dépendance de l'Œuvre de la Première Communion, 40, rue de la Fontaine (Frères de St-Vincent-de-Paul et Sœurs de Ste-Marie).

Annexes : Orphelinat agricole à Fleix (Dordogne), et à Billancourt, 158, rue du Vieux-Pont-de-Sèvres.

— (Jeunes filles protestantes), 9, impasse Longchamp, à Neuilly ; précédemment rue Dial, à Belleville.

Œuvre de la Chaussée du Maine (Patronage, Ouvroir et Dispensaire), 74, rue des Fourneaux ; primitivement Chaussée du Maine. R. U. P.

Annexe : Ouvroir du Vᵉ arrondissement (Assistance des femmes par le travail), 11, rue du Val-de-Grâce ; primitivement 201, rue de Vaugirard, puis 129, boulevard St-Michel.

Fourneau, Dépendant des Œuvres ouvrières de N.-D. du Rosaire, 12, rue Crocé-Spinelli.

Maison du Sacré-Cœur (Patronage d'écoliers, apprentis et jeunes ouvriers), 12, rue des Pavillons, à Puteaux (Frères de St-Vincent-de-Paul).

Œuvre des cercles catholiques d'ouvriers, 1, rue Martignac; précédemment 262, boulevard St-Germain.

    Cercle Montparnasse, 126, boulevard Montparnasse,
    — de Belleville-Ménilmontant, 25, rue de la Villette,
    — du Sacré-Cœur, 21, rue du Mont-Cenis,
    — de Vaugirard, 6, avenue Ste-Eugénie,
    — St-Antoine, 42, rue de Picpus,
    — d'Auteuil-Passy, 39, Grande-Rue d'Auteuil,
    — de la Villette, 121, rue de Flandre,
    — du Gros-Caillou, 96, rue St-Dominique,
    — des Batignolles, 7, rue Lacaille,
    — Ste-Geneviève, 15, rue des Carmes.

Patronage des apprenties et des jeunes ouvrières, 41, rue de la Glacière (Sœurs de St-Vincent-de-Paul).
    — 48, boulevard d'Italie,   — id. —
    — 36, rue de l'Alma, à Courbevoie (Sœurs de la Providence).
    — et **Maison de charité libre**, 12, rue de Bagneux, à Châtillon (Sœurs de St-Vincent-de-Paul).

Société générale pour le patronage des libérés, 174, rue de l'Université; primitivement 78 *bis*, rue de Varennes. R. U. P.
    Asiles-Ateliers: 4 *bis*, rue de la Cavalerie,
              19, rue de Lourmel,
              35, rue des Cévennes.

École professionnelle (Jeunes filles), 116, rue du Cherche-Midi.
    — 7, rue Chomel; primitivement quai Bourbon.
    — et **ménagère** (Jeunes filles), 26, rue Ganneron; primitivement rue de Bruxelles.

Union des associations ouvrières catholiques de France, Bureau central, 11, rue Stanislas; primitivement 32, rue de Verneuil.

Œuvre de l'Assistance par le travail, 170, rue du Faubourg-St-Honoré, et 34, rue du Colisée; précédemment rues Roy et Delaborde (Fondation Mamoz). R. U. P.
    Office de renseignements annexé.
    En 1900, 62 œuvres analogues à Paris.

Société du travail (Placement), à la Mairie du XIᵉ arrondissement.

Maison de famille (jeunes ouvrières), 25, rue de Maubeuge (Religieuses de Marie-Auxiliatrice).

Société du travail pour le personnel spécial des travaux publics (Placement), à la Mairie du XI° arrondissement.

— **des orphelins d'Alsace-Lorraine**, 16, avenue de Villars, Fusionnée depuis 1893 avec la *Société de patronage des orphelinats agricoles et des orphelins alsaciens-lorrains* (Voir 1866).

Association d'Alsace-Lorraine (Assistance et Placement d'Alsaciens-Lorrains), 38, rue du Château-d'Eau ; primitivement 46, boulevard Magenta. R. U. P.

Société républicaine d'appui du Lot (Assistance et Prêts), Comité siégeant chez le Président.

— **amicale de Loir-et-Cher** (Assistance, Secours mutuels, Prêts d'honneur et Prix de vertu), Comité siégeant chez le Président.

Association corrézienne (Assistance et Secours mutuels), Comité siégeant chez son Président. R. U. P.

Œuvre des Sœurs servantes des pauvres (Soin des malades à domicile) :

Maison Ste-Geneviève, à Joinville-le-Pont,

Maison Ste-Françoise Romaine, 122, rue du Faubourg-St-Martin.

Maison, 19, rue du Pot-de-Fer-St-Marcel.

Hôpital privé homéopathique Saint-Jacques (Dispensaire et Consultations), 227, rue de Vaugirard ; primitivement 282, rue St-Jacques (Sœurs de la Présentation de la Ste Vierge). R. U. P.

— **anglais Hertford**, Fondation Richard Wallace (Consultations), 62, rue de Villiers, à Levallois-Perret ; primitivement 5, route de la Révolte.

Maison municipale de retraite Lasserre (Femmes âgées indigentes), à Issy-les-Moulineaux.

1872

Crèche Sainte-Marguerite, 6, rue Ginoux (Sœurs de St-Vincent-de-Paul). R. U. P.

— **Sainte-Amélie**, auparavant *Crèche Saint-Germain*, 63, rue de Bagnolet.

Orphelinat maçonnique (pour les deux sexes), 19, rue de Crimée.

— **Maison de charité libre, École professionnelle** (Jeunes filles), **et Fourneau paroissial**, 7, rue Jean-Cottin; précédemment 68, rue Riquet (Sœurs de St-Vincent-de-Paul).

— **et Maison de charité libre**, 29, Grande-Rue, à Fresnes-les-Rungis, — id. —

Patronage des apprentis tapissiers de la Ville de Paris, 3, rue de Lutèce.

— **des apprenties et des jeunes ouvrières**, rue Jean-Bart; primitivement 9, rue Servandoni.

Société de protection des Alsaciens-Lorrains demeurés Français, 9, rue de Provence. R. U. P.

Colonies algériennes, et Orphelinat (Jeunes filles) au Vésinet.

Comité de patronage catholique des Alsaciens-Lorrains, rue du Bac. *Disparu.*

École professionnelle (Jeunes filles), 154, rue de Rome (Sœurs de Ste-Marie).

— 182, rue de Grenelle (Sœurs de St-Vincent-de-Paul).

— 5, rue de la Harpe — id. —

Œuvre des ateliers chrétiens pour les jeunes filles, 30, avenue de l'Alma.

École de travail pour les jeunes filles israélites, 13, boulevard Bourdon; primitivement 6, place de l'Arsenal.

Cours professionnels de la Chambre syndicale des ouvriers en voitures, 11, avenue des Ternes.

Société de Saint-Jean (Protection et développement de l'art religieux), 46, rue du Bac. R. U. P.

Dispensaire de la Société philanthropique, 21, r. des Bons-Enfants.
— **protestant**, 74, rue des Fourneaux.
— à **Vincennes**.

Réunion protestante de charité, Fusion de l'*Union protestante libérale* avec la *Société des anciens catéchismes* (Assistance des indigents protestants), 20, rue de Vienne; précédemment cité d'Antin. R. U. P.

Œuvre de Belleville (Secours à domicile, Consultations, Dispensaire, Vestiaire et Ouvroir pour indigents de toute nationalité), 20, rue Bouret.

Société française de tempérance, 28, rue Serpente. R. U. P.

Ligue nationale contre l'alcoolisme, 84, boulevard Beaumarchais.

Cercle des Hirondelles (Vestiaire), 102, avenue des Champs-Élysées.

Mission-Home (Fourneau, École maternelle, Placement d'Anglaises protestantes), 77, avenue Wagram.
Succursales : 18, rue de Milan,
26, rue du Faubourg-St-Honoré.

Caisse des offrandes nationales en faveur des armées de terre et de mer, 56, rue de Lille.

3 Sociétés de secours mutuels approuvées.

Œuvre des pauvres malades dans les faubourgs (Secours à domicile, Mariages, etc.), 95, rue de Sèvres.
12 sections en 1900 : gare d'Ivry, 26, place Jeanne-d'Arc,
Gobelins, 39, rue Jenner,
Maison-Blanche, 44, rue Vandrezanne,
Montrouge, 29, rue Gassendi,
— 78, rue de la Tombe-Issoire,
Plaisance, 43, rue Vercingétorix,
— 180, rue de Vanves,
Montmartre, 39, rue Caulaincourt,
Clignancourt, 8, rue Championnet,
La Chapelle, 48, rue Stephenson,
— 5, rue Jean-Cottin,
Belleville, 73, rue de la Mare.

Maison des Petites Sœurs de l'Assomption (Gardes-malades des pauvres), 39, rue Nollet.

Hôpital Rothschild (pour enfants israélites), à Berck-sur-Mer.

Asile Delessert (Femmes âgées protestantes), 5, rue Lekain (Dames Diaconesses).

— **Nolleval** (Vieillards indigents), 22, rue Vandrezanne (Sœurs de St-Vincent-de-Paul).

1873

Crèche Ste-Marie des Quinze-Vingts, 8, passage Gatebois. R. U. P.

— **Sainte-Rosalie**, 35, rue de la Glacière (Sœurs de St-Vincent-de-Paul).

— **de Clignancourt**, 93, rue Danrémont.

Refuge des enfants moralement abandonnés, 15, rue Montéra.

Orphelinat du Sacré-Cœur (Jeunes filles), 37, rue Caulaincourt (Sœurs de St-Vincent-de-Paul).

— 73, rue la Mare,   — id. —

— **de l'Église réformée** (Jeunes gens), 16, rue d'Orléans, à Neuilly ; primitivement à Passy.

Patronage des apprentis et des jeunes ouvriers, 23, rue de Turenne (Frères des Écoles chrétiennes).

— **paroissial du Sacré-Cœur** (Jeunes gens), 12, rue Tandou.

— (Jeunes filles), rue Cretté-de-Palluel, à Dugny (Sœurs de St-Vincent-de-Paul).

École professionnelle municipale Diderot (Jeunes gens), 60, boulevard de la Villette.

Société de bienfaisance austro-hongroise, 14, villa St-Michel, avenue de St-Ouen. R. U. P.

1 **Société de secours mutuels approuvée.**

Société de secours et prêts entre les agents forestiers, au Ministère des finances. R. U. P.

Maison des Sœurs de Bon-Secours de Troyes (Gardes-malades des pauvres), 7, rue Bonin, à Colombes.

Œuvre d'Argelès (Sanatorium d'enfants), 11, rue d'Assas (Sœurs de St-André).

Hospice Greffulhe (Femmes âgées indigentes), 82, rue de Villiers, à Levallois-Perret (Sœurs de St-Vincent-de-Paul).

— **intercommunal de Montrouge** (Fondation Verdier).

Asile Marie-Joseph (Vieillards indigents), 35, rue de la Glacière.

1874

Crèche Saint-Honoré-d'Eylau, ancienne *Crèche du Prince Impérial*, 117, avenue Victor-Hugo (Sœurs de la Sagesse).

Orphelinat (Jeunes filles protestantes), 39, rue Verdier, à Montrouge ; précédemment rue des Trembles.

Patronage de Notre-Dame-de-la-Salette (Écoliers, apprentis et jeunes ouvriers), 1 et 3, rue des Morillons (Frères de St-Vincent-de-Paul).

— **des apprenties et des jeunes ouvrières**, 23, rue Oudinot.

— 154, avenue Victor-Hugo (Sœurs de St-Vincent-de-Paul).

Ouvroir interne (Jeunes filles), 81, rue d'Angoulême (Sœurs de St-Vincent-de-Paul).

Maisons de famille des unions chrétiennes de jeunes gens, 32, rue de Vaugirard, et 77 *bis*, rue Legendre.

Société des institutrices chrétiennes (Patronage et Placement), 48, rue de Bourgogne ; primitivement 33, avenue de Breteuil.

Œuvre des loyers, à la Maison-mère des Sœurs de St-Vincent-de-Paul, rue du Bac.

— **des loyers pour les IIe et VIIe arrondissements** (Fondation Orville), Œuvre annexe de la précédente.

Caisse des loyers de l'Institution des Diaconesses des églises évangéliques de France (Voir 1841).

Maison de charité libre et Ouvroir de dames, rue Violet (Sœurs de St-Vincent-de-Paul).

4 Sociétés de secours mutuels approuvées.

Infirmerie des Diaconesses de paroisse (Dispensaire), 7, rue Bridaine ; primitivement rues Bochard-de-Sarron et de La Tour-d'Auvergne.

Maison des Petites-Sœurs de l'Assomption (Gardes-malades des pauvres), 19, rue Pasteur ; primitivement 26, rue du Sentier.

Asile Notre-Dame de Bon-Secours (Service d'hôpital, Vieillards indigents), 66, rue des Plantes ; primitivement passage Rimbaut (Sœurs Augustines de l'Hôtel-Dieu).

— **Saint-Joseph** (Vieillards indigents), 197, avenue Victor-Hugo (Sœurs de la Sagesse).

— **Anselme Payen** (Vieillards indigents), 77, rue Violet (Sœurs de St-Paul).

Œuvre des Dames du Calvaire (Asile de femmes incurables), 55, rue de Lourmel ; primitivement rue Léontine.

Vestiaire, Annexe des OEuvres ouvrières de Notre-Dame du Rosaire, 174, rue de Vanves.

1875

Crèche Saint-Joseph, 63, rue des Meuniers, à Bercy (Sœurs de St-Vincent-de-Paul).

— **de la Chapelle et de la Goutte-d'Or**, 5, rue Cavé.

Asile-Ouvroir de la Compagnie du Chemin de fer de l'Ouest (pour les deux sexes), 163, avenue de Clichy (Sœurs de St-Vincent-de-Paul).

Orphelinat Sainte-Élisabeth (Jeunes filles), 210, rue du Faubourg-St-Antoine et 28, rue de Cîteaux (Sœurs de la Charité et de l'Instruction chrétienne).

— **Saint-Joseph** (Jeunes filles), 8, rue Clavel (Sœurs de St-Joseph de Bon-Secours).

Maison des enfants (protestants), 31, rue de Cormeille ; antérieurement 16, rue Demours.

Patronage des apprentis et des jeunes ouvriers, 75, rue de l'Ourcq (Frères des Écoles chrétiennes).

— **des apprenties et des jeunes ouvrières**, rue d'Arcueil, à Bagneux (Sœurs de St-Vincent-de-Paul).

— **Saint-Joseph** (Placement d'institutrices, employées et servantes), 59, rue du Rocher.

Maisons de famille des Unions chrétiennes de jeunes gens, 56, boulevard Barbès, et 39, rue Lannois.

Union française de la jeunesse (Cours gratuits d'instruction populaire), 157, boulevard St-Germain.

Œuvre de Saint-Joseph (Placement d'orphelins), 15, rue Victor-Massé. *Disparue.*

— **de Notre-Dame de Bonne-Garde** (Maison de famille pour jeunes filles), 25, rue de la Sourdière (Sœurs de St-Vincent-de-Paul).

École professionnelle (Jeunes filles), 20, rue Bouret (Sœurs de St-Vincent-de-Paul).

— (Jeunes filles), 27, rue des Imbergères, à Sceaux (Sœurs de la Croix).

Maison de charité et Fourneau paroissial Saint-François de Sales, 87, rue de Tocqueville (Sœurs de la Présentation de la Ste-Vierge).

Soupe populaire des Thermes et de la Plaine Monceau, 85, rue de Tocqueville (Sœurs de St-Vincent-de-Paul).

Société des institutions de prévoyance de France, 44, rue de Rennes [1].

Caisses d'épargne scolaires, dans la plupart des écoles municipales.

Société dite La Fraternelle (Caisse de retraites de la bijouterie, de la joaillerie, de l'orfèvrerie et des industries qui s'y rattachent, 2 *bis*, rue de la Jussienne. R. U. P.

— dite **La Lyre italienne** (Secours mutuels entre Italiens), 5, rue de la Banque ; primitivement 50, rue des Vinaigriers.

1. Pour les autres Sociétés de retraites et les Sociétés coopératives de consommation, voir *Paris charitable et prévoyant*, p. 301 et suiv.

3 Sociétés de secours mutuels approuvées.

Fondation Gemond (Prix de dévouement décerné par l'Académie française).

Maison des Sœurs de la Providence (Gardes-malades des pauvres), à Malakoff.

— **des Sœurs de Saint-Charles** (Gardes-malades des pauvres et Patronage), 12, rue Charlot.

Service médical de nuit à domicile, à la Préfecture de Police.

Asile des Petites-Sœurs des pauvres (Vieillards), à l'Ermitage de St-Denis.

— **privé d'aliénés,** 23, quai de Suresnes.

1876

Crèche communale de Sainte-Geneviève, rue de la Mairie, à Nanterre.

— **municipale,** square de la Mairie, à Courbevoie.

— **Saint-Raphaël,** 7, rue des Tournelles, à Cachan (Sœurs de St-Vincent-de-Paul).

Société pour la propagation de l'allaitement maternel et des refuges-ouvroirs pour les femmes enceintes, 11 *bis*, rue de Miromesnil. R. U. P.

Succursale à St-Maur.

Orphelinat Saint-François de Sales (Jeunes filles), 87, rue de Tocqueville (Sœurs de la Présentation de la Ste Vierge).

— **anglo-américain** (Enfants protestants), 35, boulevard Bineau, à Neuilly.

Patronage des apprentis et des jeunes ouvriers, 226, rue St-Denis (Frères des Écoles chrétiennes).

— 28, avenue de l'Alma, — id. —

— 19, rue des Fêtes, — id. —

— **des apprenties et des jeunes ouvrières,** 79, rue Victor-Hugo, à Montreuil-sous-Bois (Sœurs de St-Vincent-de-Paul).

Patronage des apprenties et des jeunes ouvrières, 50, rue de
Clichy (Sœurs de la Présentation de la Ste-Vierge).

École professionnelle de dessin et de modelage (Jeunes gens),
22, rue Chapon.

Fourneau, à la Maison de charité libre, à Créteil (Sœurs de St-Vincent-de-Paul).

Institution des Bureaux d'épargne des manufactures et ateliers. *Disparue.*

Fondation Laussat (Prix de dévouement et de courage décerné
par l'Académie française).

1 Société de secours mutuels approuvée.

Maison des Petites-Sœurs de l'Assomption (Gardes-malades des
pauvres), 6, rue des Fêtes.

— des Sœurs de la Providence (Gardes-malades des pauvres), 3, rue des Tournelles, à St-Maur-les-Fossés.

Colonie de Vaucluse (Asile départemental d'indigents, idiots ou
arriérés), à Épinay-sur-Orge.

1877

Petite Crèche des Batignolles, 47 bis, avenue de Clichy.

Orphelinat (Jeunes filles), 78, rue de la Tombe-Issoire (Sœurs de
St-Vincent-de-Paul).

Patronage (Jeunes gens), 29, rue du Retrait. *Disparu.*

— Saint-Joseph (Jeunes gens), 38, rue des Epinettes (Sœurs
de St-Vincent-de-Paul).

— des apprentis et des jeunes ouvriers, 58, rue Raynouard
(Frères des Écoles chrétiennes).

— 63, Grande-Rue, à Issy, — id. —

— des apprenties et des jeunes ouvrières, 176, rue de Grenelle.

— 29, rue de Fontenay, à Vincennes (Sœurs de la Providence),

— 63, rue des Meuniers (Sœurs de St-Vincent-de-Paul).

Maison de famille de Saint-Nicolas (Jeunes gens), 23, rue de Turenne (Frères des Écoles chrétiennes).

— **hospitalière des amies de la jeune fille** (protestante), 47, rue Denfert-Rochereau.

Succursale, 5, rue des Jeûneurs.

École professionnelle (Jeunes filles), 37, rue Caulaincourt (Sœurs de St-Vincent-de-Paul).

Cercle national de bienfaisance, 21, rue St-Dominique; primitivement 10, rue de Bellechasse.

Fondation Rubin (Enfants abandonnés). Legs à l'Assistance publique.

Asile des petites mendiantes de la Ville de Paris et du Département de la Seine, 57, rue de la Santé (Religieuses Franciscaines de l'Immaculée-Conception).

Succursale au Raincy.

Œuvre des petites ex-mendiantes du Département de la Seine, 152, rue de Vaugirard; primitivement 57, rue de la Santé, rue Carcel et passage Ste-Eugénie.

Fourneau paroissial Saint-Pierre de Montmartre, 37, rue Caulaincourt (Sœurs de St-Vincent-de-Paul).

Société générale des prisons, 14, place Dauphine. R. U. P.

2 Sociétés de secours mutuels approuvées.

Société savoisienne (Assistance et secours mutuels), Comité siégeant chez le Président.

Maison des Petites-Sœurs de l'Asomption (Gardes-malades des pauvres), 163, rue du Bois, à Levallois-Perret.

1878

Crèche de Vincennes, 5, rue des Carrières. R. U. P.

— **Sainte-Geneviève**, 38, rue de la Mairie, à Vanves (Sœurs de la Providence).

Orphelinat Galliera (Jeunes gens), à Clamart (Frères des Écoles chrétiennes). R. U. P.

Asile-Ouvroir Jeanne d'Arc (Jeunes filles), Ancien *Orphelinat des Gobelins*, 13, rue de Rubens, et 2, rue Véronèse; précédemment rue Duméril.

Patronage des apprentis et des jeunes ouvriers, 90 *bis*, rue St-Dominique (Frères des Écoles chrétiennes).

— 79, rue Boissière,   — id. —

— **Saint-Pierre**, 28, rue Boyer.

— **des apprenties et des jeunes ouvrières**, place de l'Église, à Thiais (Sœurs de la Croix).

Œuvre de Notre-Dame de Bonne-Garde (Maison de famille pour jeunes filles), 142, rue Oberkampf (Sœurs de St-Vincent-de-Paul).

École professionnelle des jeunes filles de l'Étoile, 52, avenue de la Grande-Armée.

Atelier-École professionnelle (Jeunes filles), 220, avenue du Maine; primitivement 160, boulevard de Vaugirard.

Société d'éducation des enfants protestants insoumis, 7, rue Clavel. *Disparue.*

— **d'instruction professionnelle de la carrosserie**, 24, rue Laugier.

Comité des Dames de l'Étoile (Assistance par le travail et secours aux indigents protestants), 54, avenue de la Grande-Armée.

Bureau de placement gratuit, 23, rue de Turenne.

Société de protection des engagés volontaires élevés sous la tutelle administrative, 11 *bis*, rue de Milan; précédemment 16, rue Séguier. R. U. P.

Œuvre de l'hospitalité de nuit, Vestiaire et dispensaire annexés. R. U. P.

    4 Maisons :

        59, rue de Tocqueville, pour hommes et femmes (1878),

        14, boulevard de Vaugirard,   — id. —   (1879),

        13, rue de Laghouat, pour hommes (1882),

        122, boulevard de Charonne, pour hommes et femmes (1888).

Fondation Rampal (Prêts annuels attribués par la Ville de Paris aux Sociétés coopératives de production).

Œuvre des pensions militaires (pour les anciens militaires infirmes ou indigents), 11 *bis*, rue Montaigne.

Société pour l'étude pratique de la participation du personnel dans les bénéfices, 20, rue Bergère. R. U. P.

— amicale d'assistance des **Vauclusiens à Paris**, dite **Le Sartan** (Secours mutuels), Comité siégeant chez le Président.

— laïque d'appui fraternel. *Disparue.*

5 Sociétés de secours mutuels approuvées.

Œuvre de Marie-Auxiliatrice (Enfants tuberculeux), 25, rue de Maubeuge (Sœurs de Marie Auxiliatrice).

Maison de famille pour jeunes ouvrières.

Dispensaire, 17, rue de La Tour-d'Auvergne.

Succursales à Villepinte, à Hyères et à Champrosay.

Fondation Moïana (Legs à la Ville de Paris pour fonder un hôpital). Annexe de l'hôpital St-Antoine.

— **Gouin** (Pavillon annexe de l'hospice de la Reconnaissance), à Garches. (Voir 1838).

Association des Espagnols et Américains du Sud (Assistance mutuelle), 35, rue de Sèvres.

Œuvre André-Gustave de Rothschild (pour les convalescents), Dépendance du Comité de bienfaisance israélite, 17, rue St-Georges (Voir 1809).

Maison de la Sainte-Famille (Retraite de Dames), 3, avenue Beaucour; précédemment 15 *bis*, rue de Monceau (Sœurs de St-Vincent-de-Paul).

Hôpital Tenon (Consultations et Dispensaire), 4, rue de la Chine.

— **Tisserand** (Vieillards), 134, rue d'Alésia.

Asile du Chayla (Vieillards), à Bécon-les-Bruyères.

— (Vieillards), à Vanves (Sœurs de la Providence).

1879

Crèche laïque du XIe arrondissement, 6, rue St-Maur-Popincourt; précédemment passage Lechevin.

Caisse des orphelins du XVI⁰ arrondissement, 71, avenue Henri-Martin. R. U. P.

Orphelinat maçonnique universel. *Disparu*.

— **Saint-Ambroise** (Jeunes filles), 142, rue Oberkampf; primitivement rue St-Maur (Sœurs de St-Vincent-de-Paul).

— **Sainte-Mathilde** (Jeunes filles), 57, rue Lemercier (Sœurs de Ste-Marie).

Œuvre de l'adoption des petites filles abandonnées, 12, rue de Ponthieu; primitivement rue Blanche.

Patronage des apprentis et des jeunes ouvriers, 3, place de l'Étoile (Frères des Écoles chrétiennes).

— **des apprenties et des jeunes ouvrières**, 6, passage Dechambre; primitivement 131, rue de Vaugirard, et 9, rue des Fourneaux.

— 5, rue Lacaille (Sœurs de la Miséricorde).

— 141, avenue de Paris, à St-Denis (Sœurs de St-Vincent-de-Paul).

— **paroissial de Notre-Dame des Buttes** (Jeunes gens), 110, rue Bolivar.

— **de l'Association du Bon-Conseil**, Maison de famille (Jeunes filles), 25, rue de Varennes.

École professionnelle municipale Jacquard (Jeunes filles), 46, rue Bossuet.

Dispensaire de la Société philanthropique, 235, rue St-Jacques (Voir en 1801).

Fourneau, avenue d'Argenteuil, à Asnières (Sœurs de St-François Régis).

— **municipal**, rue St-Denis, à Asnières.

Bureau libre de charité du VII⁰ arrondissement (pour indigents du quartier), 19, rue de Lille.

Œuvre philanthropique de la Société des arts décoratifs (Assistance par le travail), 273, rue St-Honoré.

Asile de nuit de la Société philanthropique (Femmes), dit *Maison Thomas*, 253 et 255, rue St-Jacques (Voir 1801).

Maison de l'œuvre de l'hospitalité de nuit, dite *Maison Lamaze*, 14, boulevard de Vaugirard (Voir 1878).

Association des Dames françaises (Secours aux militaires blessés ou malades en cas de guerre, secours aux civils en cas de désastre ou de calamité publiques), 10, rue Gaillon; primitivement 15, rue J.-J.-Rousseau et 24, boulevard des Capucines. R. U. P.

Hôpital-ambulance, 93, rue Michel-Ange. École d'ambulancières et Ouvroir annexés. 154 Comités.

— charitable des femmes du monde, 27, rue d'Anjou.

Société française de sauvetage, 169, rue St-Jacques; primitivement 10, rue de Lancry. R. U. P.

— **de secours aux familles de marins français naufragés**, 87, rue Richelieu. R. U. P.

Succursales au Havre et à Bordeaux.

Orphelinat annexé de Notre-Dame-des-Pins, à Pluvigner (Sœurs de la Sagesse).

Œuvre des loyers du quartier des Ternes, Comité siégeant chez la Présidente.

Fondation Vincent (Rente annuelle attribuée aux Mairies par la Ville de Paris pour jouets et livres aux enfants pauvres).

Société de protection mutuelle des voyageurs de commerce, 61, boulevard de Strasbourg. R. U. P.

— **de secours de l'Ardèche** (Assistance et Secours mutuels), Comité siégeant chez le Président.

— **La Fourmi** (Participation d'épargne et Retraites), 23, rue du Louvre.

6 Sociétés de secours mutuels approuvées.

Maison des Petites-Sœurs de l'Assomption (Gardes-malades des pauvres), 8, avenue de Paris, à Choisy.

— **des Sœurs Auxiliatrices** (Gardes-malades des pauvres), 9, rue Antoinette.

— **de santé**, 11 et 17, route d'Orléans, à Arcueil.

1880

Crèche Sainte-Émilie, rue du Trosy, à Clamart (Sœurs de St-Vincent-de-Paul).

— **de la Compagnie du chemin de fer de l'Ouest**, 163, avenue de Clichy, — id. —

Caisse des orphelins du XIXᵉ arrondissement, 137, rue d'Allemagne.

Société générale de protection de l'enfance abandonnée ou coupable, 47, rue de Lille.

Orphelinat des Billettes (Jeunes filles protestantes), 22, rue des Archives; antérieurement 16, rue des Billettes (Dames Diaconesses).

— **des Arts** (Jeunes filles), rue de la Montagne-des-Moines, à Courbevoie; précédemment 89, rue de Vanves. R. U. P. Sanatorium à Benauville (Calvados).

Patronage des apprentis et des jeunes ouvriers, 49, avenue Duquesne (Frères des Écoles chrétiennes).

— 1, rue du Canal, à Pantin, — id. —

— **des apprenties et des jeunes ouvrières**, 12, rue Charles V, et 10, rue Beautreillis.

— **Sainte-Élisabeth** (Jeunes filles), Dépendant des OEuvres ouvrières de Notre-Dame du Rosaire, 12, rue Crocé-Spinelli.

—, **paroissial** (Jeunes gens), 15, rue de Buzenval, à Boulogne-sur-Seine.

École professionnelle (Jeunes filles), 7, rue Poulletier.

— (Jeunes filles), rue Bayen, aux Ternes.

— (Jeunes filles), 26, rue d'Assas (Sœurs de St-Vincent-de-Paul).

— **d'horlogerie de Paris**, 30, rue Manin; primitivement 99, Faubourg-du-Temple. R. U. P.

Association philotechnique (Cours gratuits), à St-Ouen.

Fourneau paroissial Saint-Marcel, 39, rue Jenner (Sœurs de St-Vincent-de-Paul).

— **de la Société de Saint-Vincent-de-Paul**, 13, rue de Saintonge,   — id. —

— **de la Maison de charité de Dugny,**   — id. —

Dispensaire dentaire, 5 *bis*, Cité Milton ; précédemment 4, rue Turbigo, et 57, rue Rochechouart. R. U. P.

Œuvre du vestiaire (Indigents protestants), 11, rue Legendre ; précédemment 73, rue de Lévis.

— **des loyers du XVII° arrondissement** (Vieillards), à la Mairie. R. U. P.

Maison hospitalière pour les ouvriers sans asile et sans travail, Annexe de la *Société pour le patronage des libérés protestants* (Assistance par le travail), 36, rue Fessart ; primitivement 32, rue Clavel.

Œuvre de l'hospitalité du travail, Dépendance de l'*Office central des œuvres de bienfaisance* (Sœurs de Notre-Dame du Calvaire). Maison de travail (Femmes), 52, avenue de Versailles (Voir 1880).

Association de charité des étudiants de la Faculté de théologie protestante de Paris (Secours aux indigents des V, XIII et XIV° arrondissements).

Société d'assistance pour les aveugles, 28, rue de Charenton. R. U. P.

Œuvre des organistes du Sacré-Cœur (pour aveugles), 31, avenue de Breteuil.

Société d'appui fraternel des sourds-muets de France, à la Mairie du IX° arrondissement.

Association fraternelle des employés et ouvriers des chemins de fer français (Caisse de secours et de retraites), 5, rue du Bourg-l'Abbé. R. U. P.

— **des industries de Paris** (Caisse de retraites), 13, rue des Francs-Bourgeois.

9 Sociétés de secours mutuels approuvées.

Fondation anonyme (Prix de dévouement décerné par l'Académie française).

Hôpital Andral (Consultations et Dispensaire), 35, rue des Tournelles.

Asile municipal (Vieillards), Fondation Boucicaut, à Fontenay-
aux-Roses.

1881

Crèche Saint-François de Sales, 5, rue Poulletier (Sœurs de
St-Vincent-de-Paul).
— **municipale**, 59, rue Compoise, à St-Denis.
Création du service des enfants moralement abandonnés
(Dépendance de l'Assistance publique).
Caisse des orphelins du Ier arrondissement, à la Mairie. R. U. P.
Orphelinat (Jeunes filles), à Thiais, et rue des Noyers, à Issy;
antérieurement 27, Grande-Rue (Sœurs de la Croix).
— (Jeunes filles) 9, rue du Retrait (Sœurs du St-Sauveur, de
Niederbronn).
Patronage des apprentis et des jeunes ouvriers, 40, rue des
Fourneaux (Frères des Écoles chrétiennes).
École professionnelle de blanchissage (Jeunes filles), 80, rue
Boileau. *Disparue.*
— **et ménagère municipale** (Jeunes filles), 20, rue Fondary.
— **de la Chambre syndicale du papier et des industries
d'aveugles qui le transforment**, 10, rue de Lancry.
Société des ateliers d'aveugles (École professionnelle et Assis-
tance par le travail), 1, rue Jacquier; primitivement rue Basfroi.
R. U. P.
Dépôt de vente, 9, rue de l'Échelle.
Œuvre de Notre-Dame de Bonne-Garde (Maisons de famille de
jeunes filles), 3, rue Oudinot (Sœurs de St-Vincent-de-Paul).
En 1900, 11 maisons de famille : 69, rue du Cardinal-Lemoine,
10, rue Alibert,
26, rue d'Assas,
20, rue Bouret,

> 30, rue Geoffroy-Lasnier,
> 32, rue Geoffroy-St-Hilaire,
> 10, rue des Guillemites,
> 21, rue d'Angoulême,
> 85, rue Réaumur,
> 14, rue de la Ville-l'Évêque,
> 8, rue Singer.

Œuvre des colonies de vacances (Annexe de l'*Œuvre de la Chaussée du Maine*), 2, cité Gaillard ; primitivement 88, rue de Gergovie.

— **des Trois semaines de vacances** (Enfants pauvres), 59, rue de Cormeilles, à Levallois-Perret ; primitivement 77, rue Legendre.

Annexes à Nanteuil (Seine-et-Marne), et St-Denis-les-Rebais (Seine-et-Marne),

La Brise de mer, à Ver-sur-Mer, primitivement à Besnières (Calvados),

La Clef des champs et *La Sapinière*, à Valecourt, par Monjavoux.

Fourneau paroissial Notre-Dame-de-Lorette, 18, rue de La Tour-d'Auvergne ; primit. 60, rue Rodier (Sœurs de St-Vincent-de-Paul).

Dispensaire de la Société philanthropique, 3, rue Ruty — id. —

Asile de nuit (Femmes), dit *Maison Hartmann*, 44, rue Labat (Voir 1801).

Maison de charité libre, 80, rue Boileau (Sœurs de Ste-Marie).

— 14, rue de la Ville-l'Évêque (Sœurs de St-Vincent-de-Paul).

— 18, Grande-Rue, à Drancy, — id. —

— 102, rue Amelot ; primitivement 65, rue de Malte (Sœurs de la Croix).

Fondation Barbet-Batifol (Prime annuelle d'assistance et d'établissement attribuée par la Ville de Paris à une jeune ouvrière méritante).

Société du mariage civil de Paris et du département de la Seine (Formalités gratuites), à la Mairie du XI° arrond.

— **française pour l'observation du dimanche**, 14, avenue de l'Alma.

Société dite **La Couturière** (Prévoyance et Secours mutuels), 32, rue Tronchet.

— dite **La Prévoyance commerciale** (Retraites et Secours mutuels), 27, rue du Caire. R. U. P.

— **amicale des enfants de l'Isère** (Assistance et Secours mutuels), Comité siégeant chez le Président.

— **des Foréziens** (Assistance et Secours mutuels), — id. —

— **des Périgourdins** (Assistance et Secours mutuels), Comité siégeant chez le Président.

— **béarnaise et basquaise** (Assistance et Secours mutuels), Comité siégeant chez le Président.

— **La Morbihannaise** (Assistance et Secours mutuels), Comité siégeant chez le Président.

Cercle philanthropique de l'Aube (Assistance et Secours mutuels), boulevard Sébastopol.

Caisse nationale d'épargne, dite **Caisse d'épargne postale**, à la Caisse des dépôts et consignations, 56, rue de Lille.

8 Sociétés de Secours mutuels approuvées.

Œuvre des jeunes malades adultes, Dépendance du *Comité de bienfaisance israélite*, 17, rue St-Georges (Voir 1809).

— **des Sœurs du Saint-Sauveur**, de Niederbronn (Gardes-malades des pauvres).

6 Maisons de santé : 23, rue Bizet,

9, rue du Retrait,

48, rue des Pyrénées,

Rue des Vignes,

Au Perreux,

Rue du Châtelet, à Fontenay-sous-Bois.

— **des Sœurs de Saint-François Régis** (Gardes-malades des pauvres), 39, rue St-Denis, à Asnières.

Clinique nationale des Quinze-Vingts (Traitement des aveugles curables), Dépendance de la *Société d'assistance pour les aveugles*, 13, rue Moreau (Voir 1880).

Asile Chardon-Lagache (Vieillards), Dépendance de l'Assistance publique, 1, place d'Auteuil (Sœurs de St-Vincent-de-Paul).

1882

Crèche Saint-Roch, 4, rue Ste-Hyacinthe-St-Honoré (Sœurs de St-Vincent-de-Paul).

— **Notre-Dame des Anges**, 39, rue Caulaincourt — id. —

— **laïque du Berceau de l'enfance**, 7, passage Ricaut.

Caisse des orphelins du XVIIIᵉ arrondissement, 72, rue Caulaincourt ; précédemment 19, rue Pajol.

Orphelinat (Jeunes filles protestantes), rue Championnet.

— Jeunes filles), 10, rue du Canal-St-Martin (Sœurs de St-Vincent-de-Paul).

— **Riboutté-Vitalis** (Jeunes gens), Dépendance de l'Assistance publique, à Forges-les-Bains (Seine et-Oise).

Patronage des apprentis et des jeunes ouvriers, 23, rue Watignies (Frères des Écoles chrétiennes).

— 56, rue des Frères-Herbert, à Levallois-Perret, — id. —

— (Jeunes filles), 38, rue du Rendez-Vous (Sœurs de St-Vincent-de-Paul).

École professionnelle Lenôtre (départementale) (Jeunes gens), à Villepreux (Seine-et-Oise).

— **municipale de physique et de chimie industrielles** (Jeunes gens), 42, rue Lhomond.

— **d'Alembert départementale** (Jeunes gens), à Montévrain (Seine-et-Marne).

— (Jeunes filles), 8, rue Championnet (Sœurs de St-Vincent-de-Paul).

— **préparatoire au professorat du piano** (Jeunes filles), Fondation Hortense Parent, 2, rue des Beaux-Arts.

Cours professionnels de la Chambre syndicale des ouvriers charrons, 15, boulevard de la Chapelle.

— de coupe de pierre, 33, rue Truffaut,

                18, rue Vercingétorix,

                40, rue de la Roquette.

Association pour l'enseignement professionnel du piano pour les femmes (Fondation Hortense Parent),
   Écoles d'application, 12, rue de Buci,
                         33, rue Joubert.

Œuvre en faveur des Demoiselles de magasin, Cercle et Maison de famille, 12, rue du Parc-Royal; primitivement 53, rue J.-J.-Rousseau et rue St-Honoré.

Maison de famille de l'Œuvre de Bonne-Garde (Jeunes filles), 10, rue des Guillemites (Sœurs de St-Vincent-de-Paul).

Société amicale des jeunes filles anglaises, 17, rue de Courcelles; primitivement 48, rue de Provence.

Dispensaire de l'Institution nationale des sourds-muets, 254, rue St-Jacques.
   — **de la Société philanthropique**, 80, rue Boileau (Sœurs de Ste-Marie).
   — (pour enfants), **Asile de nuit** (pour femmes) dit *Maison Camille Favre*, et **Asile** (pour femmes âgées) **de la Société philanthropique**, 166, rue de Crimée (Sœurs de Notre-Dame du Calvaire). (Voir 1801).

Maison de l'Œuvre de l'hospitalité de nuit, 13, rue de Laghouat. (Voir 1878).

Restaurant catholique, Annexe de l'*Œuvre de la Fraternité commerciale*, 14, rue des Petits-Carreaux.

Maison de charité libre, 10, rue du Canal-St-Martin (Sœurs de St-Vincent-de-Paul).
   Ouvroir de Dames annexé, 119, rue du Faubourg-St-Martin.
   — 58, rue Charlot (Sœurs de St-Charles).

Union des femmes de France (Secours aux militaires), 29, rue de la Chaussée-d'Antin; primitivement 40 *bis*, Faubourg-Poissonnière. R. U. P.
   Cours d'ambulancières.
   Actuellement 171 Comités annexes, 20 hôpitaux auxiliaires de campagne.

Atelier-Asile de l'Œuvre protestante des prisons de femmes, 4, boulevard de Vaugirard; primitivement rue du Montparnasse.

Société anonyme des habitations ouvrières de Passy-Auteuil, 37, boulevard de Strasbourg.

Groupe de 67 maisons dit *Villa Mulhouse*, rue Boileau.

— **philanthropique du prêt gratuit,** 26, rue Cadet; primitivement 8, rue Thévenot.

Fondation Cuvillier (Prime annuelle d'assistance attribuée par la Ville de Paris à une veuve ou à un orphelin du XIXᵉ arrondissement).

— **Préaux** (Attribution annuelle de dots, par la Ville de Paris, à des jeunes filles pauvres du XIᵉ arrondissement).

Association amicale du Calvados (Assistance et secours mutuels), 54, avenue de Breteuil.

Société dite **L'Auvergne** (Assistance et secours mutuels), Comité siégeant chez le Président,

— **amicale et philanthropique de Saône-et-Loire** (Assistance et secours mutuels), — id. —

14 Sociétés de secours mutuels approuvées.

Asile (Femmes âgées indigentes), 62, rue Raynouard (Sœurs de St-Vincent-de-Paul).

Société anonyme des hôpitaux homéopathiques.

Hôpital Bichat (Consultations et Dispensaire), 160, boulevard Ney.

1883

Crèche municipale, 59, rue des Écoles, à Puteaux.

— 3, avenue du Marché, à Nogent-sur-Marne (Sœurs de la Croix).

Asiles temporaires pour enfants dont les mères sont à l'hôpital, 88, rue de Gergovie,

et 39, avenue Villemain; précédemment 74, rue des Fourneaux.

Orphelinat ou **Œuvre des enfants pauvres** (Jeunes filles), 158, rue du Vieux-Pont-de-Sèvres, à Billancourt (Sœurs de Ste-Marie).

Patronage des apprentis et des jeunes ouvriers, 223 *bis*, rue St-Honoré (Frères des Écoles chrétiennes).

— 121, rue de Grenelle,   — id. —
— 20, rue de Domrémy,   — id. —
— 22, rue de l'Abbé-Groult,   — id. —
— 71 *ter*, avenue du Roule, à Neuilly, — id. —
— **des apprenties et des jeunes ouvrières**, à Boulogne-sur-Seine (Sœurs de St-Charles).

Société de patronage des apprentis du XVII⁰ arrondissement (Jeunes gens), (subventionnée par la Ville de Paris), 18, rue Ampère.

Maison de famille de l'Œuvre de Notre-Dame de Bonne-Garde (Jeunes filles), rue de la Ville-l'Évêque (Sœurs de St-Vincent-de-Paul).

Asile maternel et Atelier pour les jeunes filles moralement abandonnées (protestantes), 26, rue Clavel.

Œuvre des apprentissages catholiques (Jeunes filles), 6, passage Dechambre, rue des Fourneaux.

Ateliers-Asiles : 6, rue d'Odessa,
24, avenue du Maine,
99, boulevard Montparnasse,
16, rue de la Grande-Chaumière.

École professionnelle municipale Bernard-Palissy (Jeunes gens), 19, rue des Petits-Hôtels.

— **Germain Pilon** (Jeunes gens), 12, rue Ste-Élisabeth.

— **départementale Braille** (Enfants aveugles), 5, rue Mongenot, à St-Mandé ; précédemment à Maison-Alfort et rue de Bagnolet.

Ateliers d'apprentissage et École maternelle annexés.

Œuvre des colonies scolaires, Dépendance de la Ville de Paris, dans toutes les Mairies.

Comité de placement de l'Œuvre de la fraternité commerciale, 3, rue du Canivet ; primitivement 14, rue des Petits-Carreaux.

Bureau municipal de placement gratuit, à la Mairie de Levallois-Perret.

Dispensaire de la Société philanthropique, 7, rue Poulletier (Sœurs de St-Vincent-de-Paul).

— municipal, 15, rue Lantier. R. U. P.

Association charitable du foyer temporaire de Notre-Dame de Bon-Secours (Asile de chômage pour femmes, Placement et Rapatriement), 163 *bis*, rue de Vaugirard.

Home suisse (Assistance et Placement de jeunes filles suisses), 25, rue Descombes.

Société de bienfaisance américaine, 332 *bis*, rue du Faubourg-St-Honoré.

— **de réintégration des Alsaciens-Lorrains** (Assistance aux émigrés d'Alsace-Lorraine), 14 *bis*, rue Ste-Apolline.

Association amicale et de prévoyance de la Préfecture de Police. R. U. P.

— **de la Marne** (Assistance mutuelle), Comité siégeant chez le Président.

Société dite **Le Grain de blé** (Retraites), 29, rue des Francs-Bourgeois ; précédemment 4, rue du Trésor.

— **Le Soutien fraternel** (Secours mutuels et Retraites des sous-agents des postes et des télégraphes), rue de Grenelle.

— **La Manche** (Assistance mutuelle), Comité siégeant chez le Président.

11 Sociétés de secours mutuels approuvées.

Fondation Honoré de Sussy (Prix de vertu décerné par l'Académie française).

Caisse de retraites des agents des chemins de fer de l'État. Société de secours mutuels et de prévoyance des agents non commissionnés (1879), — Service médical et secours divers, — Économat (1887), — Primes de gestion et d'économie.

Œuvre des loyers pour les vieillards du XVI° arrondissement, à la Mairie. R. U. P.

Maison des Sœurs de l'Enfant-Jésus (Gardes-malades des pauvres), 228, rue du Vieux-Pont-de-Sèvres, à Billancourt.

— **des Sœurs servantes des pauvres** dite **de Sainte-Geneviève** (— id. —), à Joinville-le-Pont.

— **de retraite pour la vieillesse** (Femmes israélites âgées ou infirmes), Dépendance du *Comité de bienfaisance israélite*, 46, boulevard de Picpus. R. U. P.

Asile de vieillards, Dépendant de *l'Association consolatrice du Sacré-Cœur*, 33, rue Lamarck ; primitivement 3, chemin d'Arcueil, et 1, rue Benserade, à Gentilly.

— **municipal** (Vieillards), 3, rue Gide, à Levallois-Perret.

1884

Crèche laïque des Archives, 43, rue de Saintonge.

Orphelinat de Dom Bosco (Jeunes gens), École proefssionnelle annexée, 29, rue du Retrait (Prêtres Salésiens)'.

20 établissements similaires en France.

Patronage des apprentis et des jeunes ouvriers, 12, rue de Moscou (Frères des Écoles chrétiennes).

— 138, rue du Faubourg-Poissonnière,　　— id. —

— 35, avenue de St-Ouen,　　— id. —

— et **Cercle Saint-Paul** (Jeunes gens), Dépendant des Œuvres ouvrières de Notre-Dame du Rosaire, 34, rue Guilleminot.

— **des apprenties et des jeunes ouvrières**, 11, rue Bausset (Dames auxiliatrices des âmes du Purgatoire).

— 80, rue Boileau (Sœurs de Ste-Marie).

— 7, rue de la République, à Montreuil-sous-Bois (Sœurs de St-Vincent-de-Paul).

— (Jeunes filles), 20, rue Sibuet,　　— id. —

École professionnelle et ménagère (municipale), 14, rue Bossuet.

Dispensaire Furtado-Heine (Enfants), 8, rue Delbet.

— **de la Société philanthropique**, 120, rue du Cherche-Midi (Sœurs de St-Vincent-de-Paul).

— 142, rue Oberkampf. — id. —

— 223, rue Lecourbe (Frères de St-Jean-de-Dieu).

— 77, rue Truffaut (Sœurs de Ste-Marie).

— 29, rue Fontarabie (Sœurs de la Providence).

Vestiaire, 36, rue Audigeois, à Vitry (Sœurs de Ste-Marie).

Œuvre de la Bouchée de pain, 13, rue des Filles-du-Calvaire; primitivement 9, rue Oberkampf.

    4 Réfectoires : quai aux Fleurs de la Cité,
       Place de la Salpêtrière,
       5, rue Servan,
       Place de la République.

Maison de charité libre et Fourneau, au Bas-Montreuil (Sœurs de St-Vincent-de-Paul).

    — **de l'Œuvre de l'hospitalité du travail** (Femmes), 52, avenue de Versailles (Voir 1880).

Société dite **La Fédération humanitaire** (Association d'ouvriers distribuant des secours en cas de chômage ou d'accident), à Puteaux.

Association lozérienne (Assistance et secours mutuels), Comité siégeant chez le Président.

12 Sociétés de secours mutuels approuvées.

Fondation Audiffred (Prix de publications sur la morale et la vertu, décerné par l'Académie des sciences morales et politiques).

Asile temporaire, Dépendant de l'*Œuvre des libérés de Saint-Lazare*, 143, rue du Vieux-Pont-de-Sèvres, à Billancourt; précédemment 143, rue de Billancourt, à Boulogne.

    — **suisse de Paris** (Vieillards suisses indigents), 25, avenue de St-Mandé.

    — **d'aliénés départemental**, à Villejuif.

Hôpital privé Saint-Joseph, Dispensaire annexé, 1 et 5, rue Pierre-Larousse (Sœurs de St-Vincent-de-Paul).

    Maison de convalescence au Tremblay, près Villepinte.

Œuvre de Notre-Dame de Consolation (Annexe de l'*Œuvre de l'hôpital Saint-Joseph*).

Hôpital Broussais (Consultations et Dispensaire), 96, rue Didot.

    — **temporaire**, Porte d'Aubervilliers.

1885

Crèche laïque du Xe arrondissement, 185, rue St-Maur-Popincourt.

— **Marie-Louise**, 35, rue Jenner (Sœurs de St-Vincent-de-Paul).

Œuvre de l'Orphelinat de l'enseignement primaire de France, 28, rue Serpente; primitivement 148, rue de Rivoli. R. U. P.

Patronage des apprentis et des jeunes ouvriers, 85, rue de la Verrerie (Frères des Écoles chrétiennes).

— 14, rue du Banquier, — id. —

— 16, rue du Moulin-Vert, — id. —

— 5, Pourtour de l'Église (XVe arrondissement), — id. —

— 12, rue du Réservoir, à Clichy-la-Garenne, — id. —

— **des apprenties et des jeunes ouvrières**, 56, rue d'Hauteville (Sœurs de St-Vincent-de-Paul).

— — 54, rue Ducouëdic.

— **laïque d'apprentis et de jeunes employés du IIIe arrondissement** (subventionné par la Ville de Paris), 3, rue Béranger.

— (Jeunes filles), Dépendant de la Maison de charité de Fresnes-les-Rungis (Sœurs de St-Vincent-de-Paul).

— **Saint-Joseph-des-Champs** (Jeunes gens), 174, rue de Vanves, Dépendant du groupe des *Œuvres ouvrières de Notre-Dame du Rosaire*, à Plaisance.

Ce groupe comprend :

Grand cercle St-Joseph,

Petit cercle St-Joseph-des-Champs,

2 Patronages,

École professionnelle,

École ménagère,

Ouvroir,

Dispensaire,

Secrétariat du peuple,
OEuvre d'assistance par le travail,
Société de secours mutuels,
Cercle d'études sociales.

Asile-Ouvroir de la Société philanthropique (Femmes enceintes), 253, rue St-Jacques (Voir en 1801).

Œuvre de Notre-Dame de la Persévérance (Patronage de jeunes filles), rue du Faubourg-St-Denis. *Disparue.*

Cours professionnels des mécaniciens et chauffeurs, aux Mairies des IVᵉ, Xᵉ, XIᵉ, XIIᵉ, XIIIᵉ, XVᵉ, XVIᵉ, XVIIIᵉ et XXᵉ arrondissements, de St-Denis et de Levallois-Perret.

Dispensaire de la Société philanthropique, 105, rue St-Dominique (Sœurs de St-Vincent-de-Paul).

Œuvre du pain pour tous (Vestiaire, Dispensaire et Réfectoire annexés), 4, rue des Grandes-Carrières; primitivement rue de La Tour-d'Auvergne.

Bazar de la Charité, rue Jean-Goujon; primitivement 222, Faubourg-St-Honoré, et 108, rue La Boétie. Incendié le 4 mai 1897 (Voir en 1900).

Œuvre de Sainte-Blandine (Assistance de servantes sans place), 19, rue Capron.

Curatelle des indigents du IIIᵉ arrondissement, à la Mairie.

Fondation Orville et Mylius (Secours de loyers à des anciens militaires des IIᵉ et VIIᵉ arrondissements et à leur famille), à la Maison-mère des Sœurs de St-Vincent-de-Paul, rue du Bac.

Home allemand (Placement de servantes et institutrices allemandes), 110, rue Nollet.

Société néerlandaise de bienfaisance, 4, rue de l'Oratoire.

Caisse des victimes du devoir, 61, rue Lafayette. R. U. P.

Société nationale de sauvetage, 148, rue du Faubourg-St-Denis; précédemment 109, boulevard Magenta.

Association des journalistes parisiens (Secours et pensions aux journalistes), 14, rue Grange-Batelière. R. U. P.

12 Sociétés de secours mutuels approuvées.

Fondation Camille Favre (Prix de piété filiale décerné par l'Académie française).

Œuvre des Sœurs Franciscaines (Gardes-malades des pauvres).
7 Maisons : 41, rue de la Roquette,
12, rue de Condé,
31, rue de Dombasle,
3, passage d'Orléans, à Neuilly,
88, avenue de Paris, à St-Denis,
3, rue de la Barre, à Issy,
à Boulogne.

— **des Sœurs Franciscaines du Sacré-Cœur** (Gardes-malades des pauvres), 7, rue Servandoni.
Succursales à Charenton,
St-Mandé.

Maison des Petites-Sœurs de l'Assomption (Gardes-malades des pauvres), 10, route des Moulineaux, à Issy.
— **des Sœurs du Saint-Sauveur** (Gardes-malades des pauvres), 48, rue des Pyrénées.
— **des Sœurs Servantes des pauvres**, dite *Sainte-Françoise Romaine* (Gardes-malades des pauvres), 122, rue du Faubourg-St-Martin.

Œuvre des Sœurs de Jésus dans le Temple (Gardes-malades des pauvres), 49, rue Ampère.
Succursale 6, rue Vivienne.

Hôpital privé de Notre-Dame de Perpétuel Secours (Dispensaire annexé), 80, rue de Villiers (Religieuses Dominicaines). R. U. P.

Asile municipal de vieillards, 5, rue de la Mairie, à Thiais.

Hospice Lenoir-Jousseran (Vieillards), Dépendance de l'Assistance publique, 10, avenue du Bel-Air, à St-Mandé.
— **Limeil-Brévannes** (Vieillards), Dépendance de l'Assistance publique, près Boissy-St-Léger (Seine-et-Oise).

1886

Crèche laïque, 122, rue du Faubourg-St-Martin.
—   **Sainte-Elisabeth**, 3, rue Thiers, à Pantin (Sœurs de St-Vincent-de-Paul).
—   **municipale**, 1, rue Picpus, à Sceaux.
—   —   Grande-Rue, à Créteil.
—   —   2, passage Charlot, à Châtillon.
Société des berceaux, 28, avenue d'Antin.
Asile maternel de la Société philanthropique, Fondation Georgina Roze, 201, avenue du Maine (Sœurs auxiliatrices de l'Immaculée-Conception). (Voir 1801.)
Orphelinat, Fondation Hériot (Orphelins militaires), à la Boissière (Seine-et-Oise), (Sœurs de St-Vincent-de-Paul).
Patronage des apprenties et des jeunes ouvrières, 65, rue de Malte (Sœurs de la Croix).
Union internationale (protestante) des amies de la jeune fille (Patronage et Placement), 151, rue de Courcelles.
Maison de l'Œuvre de Jeanne-d'Arc (Patronage, Apprentissage, École professionnelle pour jeunes filles), 7, impasse Reille; précédemment 13, rue de l'Èbre (Sœurs franciscaines missionnaires de Marie).
Association des institutrices (Patronage et Placement), 7, rue de la Chaise (Dames de la retraite).
École professionnelle municipale Boulle (Jeunes gens), 57, rue de Reuilly.
—   **typographique**, 77, rue Denfert-Rochereau.
—   **de menuiserie**, 13, rue Ravignan.
Création de la direction générale de l'assistance et de l'hygiène publiques, au Ministère de l'intérieur.
Société pour l'assistance paternelle des enfants employés dans l'industrie des plumes et fleurs, 10, rue de Lancry. R. U. P.

Société d'assistance aux fiancés indigents israélites, 50, rue Richer.

Dispensaire Isaac Péreire, 107, rue Gide, à Levallois-Perret (Sœurs de St-Joseph-de-Cluny).

— **Alix Lowe**, 7, rue Eugène-Süe ; précédemment 48, rue Ordener.

— **et Fourneau de la Société philanthropique**, 201, avenue du Maine (Sœurs auxiliatrices de l'Immaculée-Conception).

Refuge municipal Benoît Malon (Asile de nuit pour hommes), 107, quai Valmy.

— — **Nicolas Flamel** (Assistance par le travail pour hommes), 66, rue du Château-des-Rentiers ; primitivement rue de la Bûcherie.

Association de bienfaisance des Dames du Sacré-Cœur (Dispensaire, Placement, Mariages, Assistance des indigents à domicile), 21, rue du Mont-Cenis.

Clinique St-Michel, 164, rue de Grenelle.

Service pharmaceutique de nuit, à la Préfecture de police.

Société parisienne de sauvetage (Secours aux victimes de tous accidents), à la Mairie, 71, avenue Henri-Martin.

— **philanthropique de la Haute-Marne** (Assistance et Secours mutuels), Comité siégeant chez le Président.

9 Sociétés de secours mutuels approuvées.

Œuvre italienne de Notre-Dame du Rosaire (pour Italiens indigents), à la Maison-mère des Sœurs de St-Vincent-de-Paul, rue du Bac.

Succursales : 80, rue de Vaugirard,
160, rue de Crimée,
77, rue de Reuilly,
22, rue Bayen,
32, rue Geoffroy-St-Hilaire.

Maison des Sœurs servantes du Sacré-Cœur (Gardes-malades des pauvres), 18, rue Guersant.

— **de convalescence de Notre-Dame de Perpétuel Secours** (Jeunes filles), 4, rue Minard, à Issy ; primitivement 6, place de l'Église (Religieuses de St-Thomas-de-Villeneuve).

Hospice Favier (Vieillards), Dépendance de l'Assistance publique, rue de Villiers, à Bry-sur-Marne.

Annexe de l'asile national de Vincennes (Indigents convalescents ou aliénés), 32, rue de Charenton.

1887

Crèche municipale du IVe arrondissement, 164, rue St-Antoine.

— — du VIe arrondissemment, 11, rue Jacob.

Orphelinat Christie (Jeunes filles), 54, rue Violet.

— **Athanase Cocquerel** (Jeunes gens), Dépendance de la *Réunion protestante de charité*, à Vélizy, par Chaville (Seine-et-Oise); antérieurement avenue Philippe-Auguste.

— (Jeunes gens), 5, rue Traversière, à Créteil; précédemment 5, rue Lesage.

Patronage des apprenties et des jeunes ouvrières, rue Pierre-Larousse; primitivement 169, rue de Vanves.

— 145, rue de Fontenay, à Vincennes.

— **Saint-Joseph de la Maison-Blanche** (Jeunes gens), 62, rue Bobillot (Société de St-Vincent-de-Paul).

— **paroissial de Notre-Dame de la Bienfaisance** (Jeunes gens), 7, rue de la Bienfaisance.

— **Saint-Louis** (Jeunes gens), 366, rue de Vaugirard. Succursale à Poissy.

Œuvre militaire paroissiale de Saint-Pierre-du-Gros-Caillou (Patronage, Cercle, Bibliothèque), 9, passage Landrieu.

Œuvre analogue chez les Frères de la doctrine chrétienne, dans les paroisses St-Philippe du Roule et St-Augustin.

École professionnelle et ménagère du département de la Seine (Jeunes filles), à Yzeure (Allier).

— (Jeunes filles), rue de la République, à Montreuil-sous-Bois (Sœurs de St-Vincent-de-Paul).

Cours professionnels de couverture et plomberie, 8, rue des Poitevins.

Dispensaire municipal, 1, rue Oudinot.

— 32, rue Rhodier.

— **Ruel**, 42, rue Ste-Croix-de-la-Bretonnerie.

— **de la Société philanthropique**, 12, rue de la Lune (Sœurs de St-Vincent-de-Paul).

— 54, rue Vandrezanne,   — id. —

— impasse Massonet,   — id. —

— 48, rue Stephenson,   — id. —

— (Enfants), 48, rue des Pyrénées (Sœurs du St-Sauveur).

Maison de charité libre, 70, rue des Haies ; précédemment 29, rue de Fontarabie (Sœurs de la Providence).

English catholic Home (Patronage et Placement de jeunes filles anglaises), 15, rue de l'Arc-de-Triomphe.

Catholic Home (Patronage, Ouvroir, Assistance d'Anglais des deux sexes), 8, avenue Malakoff ; primitivement 18, rue des Acacias (Sœurs anglaises Servantes de la Mère de Dieu).

Société de secours mutuels et de prévoyance des employés des administrations départementales et communales, 35, rue Le Peletier. R. U. P.

— dite **la Caisse du gendarme** (Assistance et Prévoyance de la Gendarmerie). R. U. P.

— dite **l'Union belge** (Assistance et Secours mutuels pour Belges indigents), 80, Faubourg-St-Denis.

— dite **la Wallonne** (Assistance et Secours mutuels pour Belges indigents), 22, rue Boissy-d'Anglas.

15 Sociétés de secours mutuels approuvées.

Maison de santé des Sœurs Oblates (Gardes-malades des pauvres), 157, rue de Sèvres ; primitivement avenue de Saxe.

Œuvre nationale des hôpitaux marins (pour enfants), rue de Miromesnil. R. U. P.

Succursales à Banyuls et St-Trojan (Ile d'Oléron).

Asile anglais Victoria (Hôpital et Retraite de femmes anglaises), 22, rue Borghèse, à Neuilly.

— **départemental de Nanterre** (Dépôt de mendicité, vaga-

bonds, indigents condamnés et non condamnés, vieillards,
infirmes et incurables).

Asile et Hospice municipal (Vieillards indigents), rue des Abouts,
à St-Ouen.

1888

Crèche Saint-Joseph, 81, rue d'Angoulême (Sœurs de St-Vincent-de-Paul).

— **laïque du XXe arrondissement**, 121, rue de Bagnolet.

Garderie d'enfants du Département de la Seine, 70, rue St-
Jean, à Pontoise.

— **scolaires**, dans les écoles municipales de chaque arrondissement.

Orphelinat (Jeunes gens), 34, rue des Tournelles, à l'Hay (Sœurs
de St-Vincent-de-Paul).

Œuvre de Notre-Dame de la Protection (Éducation de jeunes
filles pauvres), 3, rue Caumartin (Religieuses Dominicaines
d'Épernay).

Patronage des apprentis et des jeunes ouvriers, 135, rue de
Paris, à Ivry (Frères des Écoles chrétiennes).

— **des apprenties et des jeunes ouvrières**, 3, rue de la
Cristallerie, à Pantin (Sœurs de St-Vincent-de-Paul).

— 41, rue St-Denis, à St-Ouen,   — id. —

Société de patronage des apprenties du XVIIe arrondissement
(Jeunes filles), subventionnée par la Ville de Paris, 43, rue des
Moines.

Ouvroir professionnel et Maison de famille (Jeunes filles),
10, rue Alibert (Sœurs de St-Vincent-de-Paul).

École professionnelle Marie-Joseph (Jeunes filles) **et Dispensaire**, 41, rue de la Glacière (Sœurs de St-Vincent-de-Paul).

— (Jeunes filles), 20, Cours-la-Reine (Sœurs Oblates de
l'Assomption).

Union française pour le sauvetage de l'enfance, 108, rue Richelieu; précédemment 10, rue Pasquier. R. U. P.

Création du Conseil supérieur de l'Assistance publique.

Dispensaire municipal, 132, rue Legendre.
- 21, rue Pétrarque.
- 45, rue des Cendriers.
- **de la Société philanthropique**, 5, rue des Écuries-d'Artois.
- 10, rue des Guillemites (Sœurs de St-Vincent-de-Paul).
- 10, rue du Canal-St-Martin, — id. —
- 4, rue Jean-Marie-Jégo, — id. —
- 5, rue Jean-Cottin, — id. —
- 73, rue de la Mare, — id. —
- (pour enfants), 44, rue Labat (Sœurs de Notre-Dame du Calvaire).
- **de l'œuvre de l'assistance catholique**, 6, passage Déchambre.

Fourneau Saint-Charles, dépendant de la Société de St-Vincent-de-Paul, 10, rue Alibert (Sœurs de St-Vincent-de-Paul).

Asile temporaire protestant pour femmes (Assistance par le travail), 48, rue de la Villette.

Maison de l'Œuvre de l'hospitalité de nuit, 122, boulevard de Charonne (Voir 1878).

Asile de nuit de la Société philanthropique (Hommes), dit **Maison Hartmann**, 44, rue Labat (Sœurs de N.-D.-du-Calvaire).

Habitations économiques de la Société philanthropique :
Fondation Heine, 45, rue Jeanne d'Arc,
et 65, boulevard de Grenelle (Voir en 1801).

Œuvre des loyers du XIᵉ arrondissement, 148, boul. Voltaire.

Bureaux municipaux de placement gratuit, Mairies des Iᵉʳ, IIIᵉ, VIᵉ, XVᵉ, XVIIIᵉ arrondissements.

Société centrale de patronage pour les libérés, 3, rue Labie; primitivement boulevard Raspail.

Fondation Birkle (Legs à la Ville de Paris pour secourir annuellement des familles d'Alsace-Lorraine).
- **Fabien** (Dots attribuées annuellement par la Ville de Paris à huit jeunes filles du XVIᵉ arrondissement).

Institut Pasteur (Dispensaire annexé), 23, rue Dutot; primitivement rue d'Ulm. R. U. P.

Œuvre des ambulances municipales urbaines, à la Préfecture de police.

> Stations principales : à l'hôpital St-Louis,
> Place du Marché-St-Honoré.

Société de secours aux militaires coloniaux, primitivement *Association tonkinoise*, 65, rue Richelieu.

> Asile temporaire, place de la Chapelle,
> Maison de convalescence, 26, rue Troyon, à Sèvres,
> Asile-hôtel pour Alsaciens-Lorrains libérés, à Nancy.

— **des anciens élèves des cours de dessin de la rue Titon** (Assistance mutuelle), 12, rue Titon.

— dite **L'Union bourbonnaise** (Assistance et Secours mutuels), 54, rue de Cléry.

— dite **L'Union lyonnaise** (Assistance et Secours mutuels), Comité siégeant chez le Président.

7 Sociétés de secours mutuels approuvées.

Société antiesclavagiste de France, Siège de l'œuvre à Paris, 11, rue du Regard.

Maison des Petites Sœurs des pauvres (Vieillards), 45, rue Gide, à Levallois-Perret.

— **des Petites Sœurs du Saint-Sauveur** (Gardes-malades des pauvres), rue du Châtelet, à Fontenay-sous-Bois.

— **des Petites Sœurs de l'Asomption** (Gardes-malades des pauvres), 117, route de St-Germain, à Puteaux.

Œuvre des Sœurs-Augustines (Gardes-malades des pauvres), 180, rue de Vanves, 43, rue Vercingétorix.

— **des enfants tuberculeux**, 35, rue de Miromesnil (Sœurs hospitalières de Ste-Anne). R. U. P.

> Succursales à Ormesson, Villiers-sur-Marne et Noisy-le-Grand.

Asile Marie-Joseph (Dispensaire annexé), 41, rue de la Glacière (Sœurs de St-Vincent-de-Paul).

— **Marie-Élisabeth** (Femmes âgées indigentes), rue de Châteaudun, à Asnières (Sœurs de St-François-Régis).

Asile municipal (Vieillards indigents), 15, rue de la Boulangerie, à St-Denis.

Maison de santé et de retraite, 136, rue Blomet (Sœurs de Ste-Marie de la Famille).

— 84, rue Martre, à Clichy (Sœurs de St-Vincent-de-Paul).

Petit hôpital Saint-Michel (Consultations et Dispensaire), 9, avenue Ste-Eugénie et 30, rue de Dombasle (Sœurs de St-Vincent-de-Paul).

Hospice Saint-Antoine de Padoue (Fourneau, Asile et Retraite de vieillards), rue Tripier, à Noisy-le-Sec; primitivement 32, rue de Pantin (Sœurs de Notre-Dame des Sept Douleurs).

— **Ferrari** (Vieillards indigents), Fondation Galliéra, place Ferrari, à Clamart (Sœurs de la Sagesse).

1889

Crèche municipale du Ier arrondissement, 17, rue de l'Arbre-Sec. R. U. P.

— laïque du IXe arrondissement, 25, rue de La Rochefoucauld.

— du **quartier d'Amérique**, 18, rue de Bellevue.

— **Saint-Fargeau**, 33, rue du Télégraphe.

— des **Moulineaux**, cité Gévelot, à Issy.

— du **Centre**, place de la Mairie, à Issy.

Orphelinat Sainte-Jeanne (Jeunes filles), Légué à la Ville de Paris, à Ormesson (Seine-et-Oise).

— et asile **Lauderdale** (Jeunes filles protestantes), à Suresnes, ancien chemin de Colombes; primitivement 62 *bis*, boulevard Bourdon, et 59, rue des Batignolles (Dames Diaconesses).

Œuvre de l'Orphelinat des sous-agents des Postes et des Télégraphes, 35, avenue de Ségur.

Patronage Saint-Augustin (Jeunes filles), 51, quai de Billancourt (Sœurs Servantes de Marie).

Patronage des apprenties et des jeunes ouvrières de Sainte-Madeleine.

Commission des Patronages (Jeunes gens), 5, rue Coëtlogon; primitivement 74, rue de Vaugirard, et 262, boulevard St-Germain.

École professionnelle municipale Estienne (Jeunes gens), 18, boulevard d'Italie; primitivement 14, rue Vauquelin.

Refuge du Plessis-Piquet (École professionnelle et Patronage de jeunes gens israélites).

Œuvre philanthropique de la propagation de l'apprentissage et du placement des apprentis bijoutiers, joailliers, orfèvres, et des industries qui s'y rattachent, 14, rue Chapon.

Maison de famille, Dépendance de l'*Œuvre de Notre-Dame-de-Bonne-Garde* (Jeunes filles), 85, rue Réaumur; primitivement 25, rue Thévenot (Sœurs de St-Vincent-de-Paul).

Bureaux municipaux de placement gratuit, Mairies des IVᵉ, XIVᵉ et XVIIᵉ arrondissements.

Dispensaire municipal, 2, rue de la Jussienne.

— de la Caisse des écoles du XVIIIᵉ arrondᵗ, à la Mairie.

Maison de charité libre, 43, rue Vercingétorix (Sœurs Augustines du St-Nom-de-Jésus).

Société française des habitations à bon marché, 15, rue de la Ville-l'Évêque. R. U. P.

Ligue populaire pour le repos du dimanche en France, 15, rue de la Ville-l'Évêque.

Société internationale pour l'étude des questions d'assistance, 14, place Dauphine; primitivement 7, rue Marivaux.

— **des Fourmis** (Vestiaire), Comité siégeant chez le Président.

— **coopérative du XVIIIᵉ arrondissement** (Caisse d'économie et de prêts mutuels), à la Mairie.

— **des anciens élèves de l'école de la rue Boulard** (Assistance mutuelle et Patronage), rue Boulard.

— **amicale des anciens élèves de l'école de la rue des Fourneaux** (Assistance mutuelle et Patronage), 20, rue des Fourneaux.

— **amicale de l'école de la rue Servan** (Assistance mutuelle et Patronage), avenue de la République.

8 Sociétés de secours mutuels approuvées.

Association Valentin Haüy pour le bien des aveugles, 31, avenue de Breteuil ; primitivement 14, avenue de Villars. R. U. P.

Ateliers d'apprentissage (Hommes), 62, rue St-Sauveur.

— (Femmes), 88, rue Denfert-Rochereau.

Cercle Valentin Haüy (Jeux et livres).

Consultations gratuites (Aveugles indigents).

Service de désinfection gratuite (par les étuves municipales) :

4 Stations : 6, rue des Récollets,

71, rue du Château-des-Rentiers,

21, rue de Chaligny,

1, rue de Stendhal.

Fondation Lelevain (Prix de vertu décerné par l'Académie française).

— **Letellier** (Prix de piété filiale)   — id. —

— **Robin**   (— id. —)   — id. —

— **Audéoud** (Prix à des publications ou à des institutions philanthropiques, décerné par l'Académie des sciences morales et politiques).

— **Pelletier**   (— id. —)   — id. —

Maison des Sœurs Franciscaines (Gardes-malades des pauvres), 3, rue de la Barre, à Issy.

Clinique d'accouchement Baudelocque, Dépendance de l'Assistance publique, 125, boulevard Port-Royal.

Maison de retraite Galignani, Dépendance de l'Assistance publique, 55, boulevard Bineau (Sœurs de St-Vincent-de-Paul).

— **Galliera**, à Clamart (Frères des Écoles chrétiennes).

— **Rossini**, réservée aux artistes français ou italiens, 5, rue Mirabeau (Frères des Écoles chrétiennes).

Asile municipal (Vieillards indigents), 5, rue Soyer. R. U. P.

1890

Crèche Monge, 4, place Monge.

— municipale de l'Espérance, 69, rue Violet.

— des Épinettes, 8 *bis*, rue Berzélius.

Société maternelle parisienne dite **La Pouponnière**, à la Mairie du VIIᵉ arrondissement. R. U. P.

Nourricerie modèle à Porchefontaine, près Versailles.

Orphelinat Quenessen (Garçons et filles), 86, boulevard Victor-Hugo, à Neuilly (Sœurs de St-Vincent-de-Paul).

— (Garçons et filles), à la Roche-Guyon (Seine-et-Oise) (Sœurs de St-Vincent-de-Paul).

Patronage de l'enfance et de l'adolescence, ancien *Patronage des mineurs de dix-huit ans*, 6, rue Herschell.

Maison d'assistance par le travail, rue de l'Ancienne-Comédie, Asiles : 20, rue des Grands-Augustins, et 166, rue de la Glacière.

— **des apprentis et des jeunes ouvriers**, 14, rue des Rosiers (Frères des Écoles chrétiennes).

— 37, rue de Jussieu,   — id. —
— 18, rue de La Tour-d'Auvergne,   — id. —
— 77, rue Truffaut,   — id. —
— 1, rue Boucry,   — id. —
— 7, rue du Marché, à Sceaux,   — id. —

— **des apprenties et des jeunes ouvrières**, 69, rue du Montparnasse,
— 22, rue Vandrezanne,
— 25, rue Gandon.

— **paroissial de Notre-Dame-Auxiliatrice** (Jeunes gens), 7, rue du Landy, à Clichy.

Annexes : Secrétariat du peuple et Bibliothèque gratuite, Ouvroir, Vestiaire, Soupe populaire et Placement.

— (Jeunes filles), 38, rue de Paris, à Bondy (Sœurs servantes de Marie).

— (Jeunes filles), 11, rue Daubenton.

École professionnelle et ménagère (municipale), 77, rue de la Tombe-Issoire.

— **de fumisterie**, 26, rue Beautreillis.

Cours professionnels des ouvriers maçons et tailleurs de pierre, 3, rue de Lutèce.

Office central des œuvres de bienfaisance, 175, boulevard St-Germain ; primitivement 3, rue de Champagny. R. U. P.

Maison de travail pour hommes (1892),

Œuvre de l'hospitalité du travail pour femmes (1880),

Œuvre du travail à domicile pour les mères de famille (1894),

École ménagère pour jeunes filles (1899).

Dispensaire de la Société philanthropique, 22, rue Montgolfier (Sœurs de St-Vincent-de-Paul).

— 32, rue St-Lazare.

— **de l'œuvre des enfants tuberculeux**, 3, rue La Boétie ; antérieurement 35, rue Miromesnil.

Caisse des secours immédiats du Petit Journal (dite le XXIe bureau de bienfaisance), passage des Deux-Sœurs.

L'Indicateur de la bienfaisance (Office de renseignements).

Œuvre des pauvres honteux, 80, rue Raynouard ; précédemment 137, rue de Sèvres et 29, rue Rousselet.

Refuge-ouvroir municipal Paulmé-Roland (Assistance des femmes par le travail), 35, rue Fessart.

Société d'assistance par le travail des VIIIe et XVIIe arrondissements, ancienne *Société d'assistance de Batignolles-Monceau*, 17, rue Salneuve ; primitivement 45, rue Saussure. R. U. P.

Œuvre de la charité par le travail de Notre-Dame-Consolatrice, 5, rue Blanche ; précédemment rue Paul-Louis-Courier.

Magasins : 5, rue Blanche et 53, boulevard Malesherbes.

Succursale à Paramé.

Société anonyme d'habitations économiques, ancienne *Société des habitations économiques du quartier de la Gare*, 54, rue Pigalle.

Habitations : 10 et 12, rue Dunois,

123, rue du Chevaleret,

54, rue Coriolis,

Deux maisons avec jardins à Rueil.

Comité de défense des enfants traduits en justice, au Palais de Justice.

Société de patronage des détenus, des libérés et des pupilles de l'administration pénitentiaire, 4, boulevard de Vaugirard.

Fondation Legentil (Prime annuelle attribuée par la Société de St-Vincent-de-Paul à un négociant embarrassé).

Fondation Foucher (Rente annuelle attribuée par la Ville de Paris aux gardiens de la paix les plus méritants).

— **Vallée** (Legs à l'hospice de Bicêtre pour filles idiotes ou arriérées).

— **Nouspikel** (Rente annuelle attribuée par la Ville de Paris aux jeunes filles ou femmes indigentes du VIe arrondissement).

— **Lange** (Prix de vertu décerné par l'Académie française).

— **Arrassus** (Secours attribués par la Ville de Paris aux mères indigentes).

— **Buisson** (Prix de vertu décerné par l'Académie française).

Ligue nationale de prévoyance et de mutualité, 78, rue Bonaparte; primitivement 19, rue du Cherche-Midi.

Société dite **Le Sou quotidien** (Caisse de retraites), 42, rue du Faubourg-Montmartre; précédemment 33, rue de Rivoli.

— **amicale des Hautes-Pyrénées** (Assistance et Secours mutuels), Comité siégeant chez le Président.

— **scolaire de secours mutuels et de retraites du VIIIe arrondissement**, à la Mairie.

— **scolaire de secours mutuels et de retraites du XVIe arrondissement**, à la Mairie.

— **des Secouristes français**, 4, rue Antoine-Dubois. Cours de médecine dans toutes les Mairies.

12 Sociétés de secours mutuels approuvées.

Œuvre philanthropique franco-américaine (Assistance par le travail), 273, rue St-Honoré. *Disparue.*

Maison de famille (Jeunes filles étrangères et surtout suédoises), 10, rue des Acacias.

Asile (Femmes âgées indigentes), 20, rue Bouret (Sœurs de St-Vincent-de-Paul).

— **national Vaccassy** (Vieillards et incurables), à St-Maurice.

Maison Sainte-Émilie (Petit hôpital privé), avenue Schneider, à Clamart (Sœurs de la Sagesse).

Polyclinique de Paris (Dispensaire privé et École d'ambulance), 4, rue Antoine-Dubois; primitivement 28, rue Mazarine.

— **de l'hôpital international**, 11, rue de la Santé; primitivement 30, rue d'Assas.

Clinique des Champs-Élysées, 6, rue Bizet; primitivement 2, rue
  Biot. *Disparue.*

Hôpital privé Saint-François (Dispensaire annexé), 36, boulevard St-Marcel (Sœurs Franciscaines).

1891

Crèche municipale du quartier Saint-Lambert et Necker,
  13, rue d'Alleray.

    —   —   rue du Commerce, à Pantin.

Maison maternelle (Asile temporaire pour enfants abandonnés),
  41, rue Fessart; précédemment 188, rue de Belleville.

Œuvre maternelle des couveuses d'enfants, 26, boulevard Pois-
  sonnière.

— **des enfants pauvres et des orphelins de Paris**, 74, rue
  de l'Abbé-Groult.

Orphelinat du Sacré-Cœur (Jeunes gens), 12, rue de Bagneux,
  à Châtillon-sous-Bagneux.

— **Sainte-Marie** (Jeunes filles), 18, rue de l'Église, à Antony
  (Sœurs de St-Joseph de Cluny).

— **de l'Union dans la Sainte-Famille**, 32, rue de l'Alma, à
  Courbevoie (Sœurs Franciscaines).

Œuvre des Petites-Préservées, ou **Asile Marie-Joseph**, 54, rue
  Violet; primitivement rue de Savoie.

**Patronage d'apprentis et de jeunes employés des deux sexes
  du IX⁰ arrondissement** (Subventionné par la Ville de Paris),
  à la Mairie. R. U. P.

— **interne** (Jeunes gens), 59, rue Lhomond.

— **laïque du II⁰ arrondissement** (Jeunes gens), (Subventionné
  par la Ville de Paris), 221, rue St-Denis.

— **laïque du XII⁰ arrondissement** (Jeunes gens), (Subventionné par la Ville de Paris), à la Mairie.

— **des apprentis et des jeunes ouvriers**, 7, rue Furstemberg
  Frères des Écoles chrétiennes).

Œuvre des patronages de la Sainte-Famille, Comité siégeant chez la Présidente.

> Quartier St-Médard, 19, rue Daubenton,
> — Ménilmontant, 128, rue Pelleport,
> — St-Ouen, 25, avenue des Batignolles,
> — Les Lilas, 25, rue du Coq-Français,
> — Levallois-Perret, 41, rue Fromont,
> — Cayenne (St-Ouen), 20, passage des 4 Chemins,
> — Montreuil-sous-Bois, 9, rue de Fontenay.

Société des amis de l'adolescence du XVIIIᵉ arrondissement (Patronage des deux sexes), (Subventionnée par la Ville de Paris), impasse d'Oran.

Œuvre des asiles temporaires pour enfants, 4, rue Lemaignan, Parc Montsouris.

> Maisons familiales pour l'enfance délaissée ou en danger moral,
> 12, rue Broca (Jeunes gens),
> 24, rue de l'Amiral-Mouchez (Jeunes filles).

Maison de l'Œuvre de Notre-Dame de Bonne-Garde, rue Geoffroy-St-Hilaire.

Œuvre protestante des enfants en danger moral, dite *Œuvre des Petites Familles*, 49, rue de Lisbonne.

> Petite famille Jean (Jeunes filles), à Clichy-la-Garenne,
> — Louise Dumas (Jeunes filles), à Levallois-Perret,
> — André (Jeunes filles), à Levallois-Perret,
> — (Jeunes gens), à Mehun-sur-Yèvre (Cher).

Union chrétienne des ateliers de femmes (Maisons de famille, Restaurants, Bibliothèques, Placement) :

> 129, rue de l'Université,
> 19 et 27, place du Marché-St-Honoré,
> 66, rue Jean-Jacques-Rousseau,
> 47, rue Richelieu.

Ouvroir-Atelier pour les ouvrières sans travail du XVᵉ arrondissement, 129 *bis*, rue St-Charles ; primitivement 35, rue Juge.

Association professionnelle de Saint-Fiacre (Placement de jardiniers et horticulteurs), 34, rue de la Montagne-Ste-Geneviève ; primitivement 126, boulevard Montparnasse.

École professionnelle de cordonnerie, 48, rue de Montmorency.

Cours professionnels de dessin et de modelage (Jeunes gens), 3, rue de Lutèce.

— **de la Chambre syndicale des ouvriers charrons**, 55, rue Traversière.

Société suisse de commerçants (Placem^t), 50, r. des Ptes Écuries.

— **amicale de bienfaisance**, 43, rue Blanche.

Comité central des œuvres de travail, 14, place Dauphine.

Union d'assistance du XVIe arrondissement (Assistance à domicile, Placement, Ouvroir et Cantine), à la Mairie, avenue Henri-Martin. R. U. P.

Atelier pour hommes et femmes, 7, avenue de Versailles.

Dépôt de l'ouvroir, 55, rue de la Pompe.

Société d'assistance par le travail du XVIIe arrondissement, rue Salneuve.

Colonie agricole municipale (Assistance par le travail), à la Chalmelle, par Esternay (Marne).

Fourneau du Comité de bienfaisance israélite, 27, rue Ordener (Voir 1809).

Soupe populaire du XXe arrondissement, 35, rue du Télégraphe.

Œuvre de la mie de pain (Soupes popul. et Vestiaire), 64, r. Bobillot.

Réfectoire, 7, rue Martin-Bernard.

Dispensaire et Fourneau de la Société philanthropique, 12 *bis*, rue Ambroise-Paré (Sœurs de St-Vincent-de-Paul).

— **municipal**, 24, rue Rennequin.

— — 48, rue Monsieur-le-Prince.

— — 7, rue Pasteur.

La Mutualité maternelle (Assistance maternelle et Dispensaire), 6, rue d'Aboukir,

32, rue des Bons-Enfants.

Fondation Faber (Prime annuelle d'assistance attribuée par la Ville de Paris à des femmes sortant des refuges-ouvroirs municipaux).

Bureau municipal de placement gratuit, Mairies des IIe et XIIIe arrondissements.

Habitations économiques de la Société philanthropique (Fondation Heine), 3, avenue de St-Mandé (Voir en 1801).

Société anonyme des habitations économiques de Saint-Denis, 15, rue de la Ville-l'Évêque.

Habitations dites *La Ruche*, chemin du Cornillon, à St Denis.

Le Foyer, 137, rue de Paris,   — id. —

L'Amitié, rue Jannot   — id. —

Secrétariats du peuple, 11, rue de Berlin ; primitivement 22, rue d'Athènes.

RIVE DROITE :

Secrétariat des Petits-Carreaux, 14, rue des Petits-Carreaux,

— des Batignolles, 77, rue Truffaut,

— des Épinettes, 12, rue de la Jonquière,

— des Grandes-Carrières, 172 *bis*, rue Championnet,

— de l'Aiguille, 352, rue St-Honoré,

— de la Goutte-d'Or, 11, rue St-Luc,

— de St-Ambroise, 6, rue Rochebrune.

RIVE GAUCHE :

Secrétariat du Panthéon, 6, impasse des Bœufs,

— de la Maison-Blanche, 71, rue Bobillot,

— de St-Lambert, 11, rue Beausset,

— de la Salpêtrière, 19, rue Duméril,

— de Notre-Dame du Rosaire, 179, rue de Vanves,

— des Bretons, 99, rue de Vaugirard,

— de Grenelle-Javel, 84, rue de Lourmel,

— du Gros-Caillou, 167, rue de Grenelle.

BANLIEUE :

Secrétariat de Clichy, 7, rue du Landit,

— d'Argenteuil, 80, Grande-Rue,

— de Courbevoie, 21, rue St-Denis,

— de Pantin, 128, rue de Paris,

— d'Issy, rue de Chevreuse,

— de Bois-Colombe, 50, rue des Carbonnets,

— de Levallois-Perret, 25, rue du Marché.

Piscine municipale Rouvet (Hygiène gratuite), 1, rue Rouvet.

Caisse des invalides du travail du XIV⁰ arrondissement, 11, avenue d'Orléans.

9 Sociétés de secours mutuels approuvées.

Société amicale des anciens élèves de l'École de la rue d'Aligre (Patronage de jeunes gens), 5, rue d'Aligre.

— dite **La Boule de neige** (Retraites), 32, rue Étienne Marcel.

— dite **La Flotte** (Association amicale et philanthropique des anciens marins et inscrits maritimes), 20, rue Beaujolais.

— **russe de bienfaisance**, 14, rue Malar.

— **scandinave** (Assistance d'indigents danois, suédois et norvégiens), 90, rue St-Honoré.

Œuvre du Sou des malades (Annexe de l'hôpital St-Joseph).

Maison des Sœurs de l'Immaculée-Conception (Gardes-malades des pauvres), 20, quai du Louvre.

Asile de vieillards, 33, rue Jenner (Sœurs de St-Vincent-de-Paul).

— **Sainte-Marthe** (Femmes âgées ou infirmes), rue du Parc, à Bobigny (Sœurs de Notre-Dame des Sept Douleurs).

1892

Crèche municipale de Plaisance, 15, rue de l'Ouest.

— — 19, rue de Neuilly, à Suresnes.

Œuvre des layettes, 9, place des Ternes.

Fondation Bettina de Rothschild (Secours aux mères indigentes), Dépendance de l'Assistance publique.

Œuvre des enfants abandonnés recueillis dès leur naissance, 73, rue de Provence.

Orphelinat (Garçons et filles), avenue de la République, au Grand-Montrouge.

— **Hartmann** (Jeunes gens), Dépendance de l'Assistance publique, à Forges-les-Bains (Seine-et-Oise).

L'École foraine, 16, rue de la Chaussée-d'Antin.

Bureau annexe dit *Le Conseiller des mères*.

Cantine scolaire, 174, rue Championnet.

Patronage des enfants en bas âge à la crèche et à domicile, 64, rue du Gide.

Patronage familial des jeunes filles du V⁰ arrondissement (Subventionné par la Ville de Paris), 6 *bis*, rue des Écoles.

— **laïque du XI⁰ arrondissement** (Jeunes gens), (Subventionné par la Ville de Paris), 3, rue Morand.

— **paroissial de la Villa des Otages** (Jeunes filles), 85, rue Haxo (Dames oblates).

— **des apprentis et des jeunes ouvriers**, 124, rue de Bagnolet (Frères des Ecoles chrétiennes).

— **des apprenties et des jeunes ouvrières**, 33, rue Saulnier, à Puteaux.

Œuvre des patronages laïques du XV⁰ arrondissement (Jeunes gens), (Subventionné par la Ville de Paris), à l'école de la rue Lacordaire.

Maison de l'Œuvre protestante des enfants en danger moral, Petite famille Jean (Jeunes filles), 22, rue de Neuilly, à Clichy-la-Garenne.

— **de Notre-Dame du Bon-Conseil**, ou **Œuvre de la préservation et de la réhabilitation des jeunes filles de 15 à 25 ans** (Patronage et Asile de jeunes filles repenties), boulevard de Lorraine, à Clichy; précédemment 25, rue de Calais, à Argenteuil (Sœurs de Marie-Joseph). — R. U. P.

— dite **Le Foyer de l'ouvrière** (Jeunes filles protestantes), Maison de famille et Réfectoire, 60, rue d'Aboukir.

École professionnelle paroissiale (Jeunes filles), 66, avenue Malakoff (Sœurs de la Sagesse).

Cours professionnels de dessin et de modelage (Jeunes gens), 49, avenue de Ségur,

236, Faubourg-St-Martin.

Secrétariat des familles, 93, rue de Sèvres.

— **du peuple**, 128, rue de Paris, à Pantin.

Fourneau de l'Œuvre de la rue Championnet, 174, rue Championnet.

— de la **Maison de charité de Montreuil-sous-Bois**, 7, rue de la République (Sœurs de St-Vincent-de-Paul).

Dispensaire municipal, 35, rue St-Bernard.
— 5, rue Jomard.
— 124, rue de Belleville.
— de la **Mutualité maternelle**, 32, rue des Bons-Enfants.
— de la **Société philanthropique**, 36, rue Faidherbe.
— 59, rue Vercingétorix (Sœurs Augustines du St-Nom de Jésus).

Union d'assistance du Marché Saint-Germain, 14, rue du Montparnasse.

Société d'assistance et de secours de loyers du quartier de Bercy, 35, rue Dugommier.

Vestiaire des enfants prisonniers (Annexe de l'*Œuvre des petites préservées*), au Palais de Justice.

Maisons de l'œuvre de l'hospitalité du travail,
Fondation Laubespin, 52, avenue de Versailles (pour femmes),
— 33, rue Félicien-David (pour hommes).
Hôtellerie annexée, 7, rue Virginie (Voir 1880).

Refuge-Ouvroir de la Société de l'allaitement maternel (Assistance par le travail, Dispensaire), 203, avenue du Maine.

Fondation Allemandi (Dotations de jeunes filles suisses), Dépendance de l'Assistance publique.
— **Couronne** (Primes annuelles d'assistance attribuées, par la Ville de Paris, aux femmes les plus méritantes d'employés des Ministères, de la Préfecture ou des Mairies).
— **Thiers** (Maison d'études pour 15 jeunes gens méritants), Rond-Point-Bugeaud.

Œuvre de la Croix-Blanche (Ateliers populaires pour les indigents des deux sexes), 7, rue de Blainville. *Disparue.*

Caisse de retraite des travailleurs du Ier arrondissement, 3, rue des Pyramides.

Société dite L'Aiguille (Association professionnelle mixte de patronnes, employées ou ouvrières en habillement), 19, cité du Retiro; précédemment 352, rue St-Honoré.
Maisons de famille, 19, cité du Retiro,
93, rue d'Angoulême.
— dite **La Jurassienne** (Assistance et secours mutuels), Comité siégeant chez le Président.

Société dite **La famille française** (Prévoyance maternelle et Dotation), 19, rue Drouot.

Association landaise (Assistance, Secours mutuels et Prêts d'honneur), Comité siégeant chez le Président.

9 Sociétés de secours mutuels approuvées.

Maison des Sœurs du Saint-Sauveur (Gardes-malades des pauvres), rue des Vignes, au Perreux.

— **des Sœurs Franciscaines du Sacré-Cœur** (Gardes-malades des pauvres), 14, rue de Varennes.

Œuvre du traitement quotidien et gratuit des tuberculeux pauvres.

4 cliniques : 45, rue de la Banque,
59, rue du Cardinal-Lemoine,
31, rue de Sèvres,
46, avenue de Clichy.

Institut départemental des sourds-muets, 29, rue de Nanterre, à Asnières.

Colonie familiale d'incurables et aliénés, Dépendance du Département de la Seine), à Dun-sur-Auron (Cher).

Asile municipal Ledru-Rollin (Femmes convalescentes), à Fontenay-aux-Roses.

— **de vieillards** (Fondation Boucicaut), — id. —

Hôpital international privé, dit **Hôpital Péan** (Dispensaire annexé), 11, rue de la Santé (Sœurs de St-Joseph de Cluny).

— **Hérold,** place du Danube.

Hospice Dheur (Vieillards), Dépendance de l'Assistance publique, rue du Clos-de-l'Hospice, à Ivry.

— **Debrousse** (Vieillards), Dépend. de l'Assistance publ., 148, rue de Bagnolet (Sœurs Augustines hospital. de l'Hôtel-Dieu).

Sanatorium des Magasins du Louvre, à Tournan (S.-et-M.).

Asile Lebaudy (Retraite), 6, rue Botzaris (Sœurs de St-Vincent-de-Paul).

Villa Saint-Augustin (Maison de famille et de retraite de l'*Association des demoiselles du commerce*), à Vanves (Voir 1861).

Maison de retraite (Dames), 5, avenue de Thiais, à Thiais (Dames de la Réunion).

1893

Crèche de l'hôpital de la charité, 47, rue Jacob.
— **municipale** du quartier Croulebarbe, 7, rue des Gobelins.
— — 46, rue Danton, à Gentilly-Kremlin.
— — 12, rue de la Mairie, à Gentilly-Centre.
— **Madeleine Brès**, 86, rue Nollet.
Asile Michelet (pour indigentes sur le point de devenir mères), rue de Tolbiac.
— **temporaire de l'hospice des enfants assistés**, 74, rue Denfert-Rochereau.
Maison de la Sainte-Famille (Patronage de jeunes gens, Cercle catholique d'ouvriers, Dispensaire, Mission ouvrière), cité St-Michel, 31, rue des Boulets (Frères de St-Vincent-de-Paul).
— **de famille de « L'Aiguille »**, 93, rue d'Angoulême.
Patronage des apprentis et des jeunes ouvriers, 1, rue de Béarn (Frères des Ecoles chrétiennes).
— **des apprenties et des jeunes ouvrières**, à Maisons-Alfort.
— **laïque** (Jeunes gens), (Subventionné par la Ville de Paris), 40, rue Jenner.
— **de Notre-Dame-des-Grandes-Carrières** (Jeunes filles), 174, rue Championnet.
Œuvre de Notre-Dame-de-Bon-Secours (Patronage et Maison de famille pour ouvrières, orphelines et servantes), 207, boulevard Voltaire, 4, cité Voltaire (Sœurs de St-Joseph d'Abbeville).
Lafayette-Home (Patronage de jeunes filles étrangères), 187, rue de la Pompe.
Maison de l'Œuvre protestante des enfants en danger moral, Petite famille Louise Dumas (Jeunes filles), 5, rue Martinval, à Levallois-Perret.
École professionnelle (Jeunes filles), 35, avenue de Saxe.
— **d'application pour le professorat du piano** (Fondation Hortense Parent), 33, rue Joubert.

Ateliers d'aveugles, 78, rue de St-Germain, à Argenteuil; primitivement à Illiers (Eure-et-Loir).

Œuvre de l'assistance aux aveugles par le travail, Atelier, 62, rue St-Sauveur; primitivement 6, rue Bailleul.

Ouvroir-atelier pour les ouvrières sans travail du XVIIIᵉ arrondiss*, 39, rue Doudeauville; primitivement 13, rue Cavé.

Ouvroir externe de femmes (Assistance par le travail), Dépendance des *Œuvres ouvrières de N.-D. du Rosaire*, 179, rue de Vanves.

Société d'assistance par le travail du IIᵉ arrondissement, 5, place des Petits-Pères.

— 20, rue d'Essling, à Courbevoie.

Soupe populaire du XVIIIᵉ arrondissement, 4, impasse Pers.

Dispensaire municipal, 109, rue St-Dominique.

— 14, rue du Terrage.

— 26, rue du Charolais.

— 2, place du Danube.

Œuvre de Saint-Luc (Vestiaire), 16, rue Duphot.

Asile de nuit (pour hommes), 76, rue Mouffetard.

Société des amis des pauvres (Assistance et Mariages), 22, rue de l'Arbre-Sec.

Distribution de secours à l'Église St-Julien-le-Pauvre,

à la Maison Ste-Rosalie, 50, boulevard d'Italie,

à Notre-Dame de Perpétuel Secours, 53, boulevard Ménilmontant,

à Notre-Dame du Rosaire, 180, rue de Vanves,

à la Chapelle de la rue Jean, à St-Ouen,

10, rue d'Alsace, à Clichy.

Fondation Modeste (Prime annuelle d'assistance attribuée, par la Ville de Paris, à l'ouvrier ou à l'ouvrière de Belleville ou de Montmartre ayant le plus grand nombre d'enfants).

— **Carlier** (Prix décerné, par l'Académie des sciences morales et politiques, à des publications philanthropiques.

Caisse de prêts gratuits de la Société « L'Aiguille », 19, cité du Retiro (Voir 1892).

— **du quartier de la Goutte-d'Or** (Secrétariat du peuple annexé), 11, rue St-Luc.

Association des veuves protestantes de Paris (Assistance et loyers), 64, avenue du Bois-de-Boulogne.

Société française de tempérance de la Croix-Bleue, 6, rue Férou.

— **nationale de retraites des Vétérans des armées de terre et de mer**, 24, rue Feydeau.

Association toulousaine (Assistance et Secours mutuels), 1, boulevard Montmartre.

Société dite L'Union des Deux-Charentes (Assistance et Secours mutuels), 7, boulevard Voltaire.

— **dite Le Maçon de la Creuse** (Assistance et Secours mutuels), Comité siégeant chez le Président.

— **fraternelle des Vendéens** (Assistance et Secours mutuels),

— **amicale des Parisiens de l'Hérault**, — id. —

— **dite L'Alliance septentrionale de la Sambre**, anciennement **La Sambre française** (Société d'appui paternel), 26, avenue Bosquet; primitivement 44, rue de Cléry.

11 Sociétés de secours mutuels approuvées.

Bureau municipal de placement gratuit, Mairie du XIX° arr.

Institut français des infirmiers et infirmières de Saint-Camille (Gardes-malades), 93, rue Lafayette.

Succursales 59, boulevard Malesherbes,

45, avenue Victor-Hugo,

et à Enghien, 97, Grande-Rue.

Maison des Sœurs Oblates (Gardes-malades des pauvres), 157, rue de Sèvres.

— **des Sœurs Franciscaines** (Gardes-malades des pauvres), 3, passage d'Orléans, à Neuilly.

— **des Sœurs Auxiliatrices de l'Immaculée-Conception** (Gardes-malades des pauvres), 28, rue de Flandres.

— **des Sœurs Augustines des saints noms de Jésus et Marie** (Gardes-malades des pauvres),

43, rue Vercingétorix,

3, rue Ordener.

Sanatorium (pour enfants), au Croisic (Frères de St-Jean de Dieu).

Maison de retraite dite « La Famille », 93, rue de Passy (Dames Diaconesses). *Disparue.*

1894

Crèche Sainte-Lucie, 15, rue des Bernardins (Sœurs de St-Vincent-de-Paul).

— **Sadi-Carnot**, 3, rue des Trois-Portes.

— **Saint-Joseph**, 11, rue Bacon (Sœurs de St-Vincent-de-Paul).

— **laïque de la Maison-Blanche** (Subventionnée par la Ville de Paris), 1, rue Barrault.

— **municipale**, rue des Ruelles, à Montrouge.

— — place de l'Asile, à Asnières.

— — à Colombes.

Orphelinat (Jeunes filles), 9, rue Nicole (Sœurs de St-Vincent-de-Paul).

— **du Sacré-Cœur** (Jeunes filles), rue Ste-Rustique (Sœurs de la Ste-Famille).

Œuvre des orphelins des chemins de fer français, 32, boulevard St-Marcel.

Bureau central des Sociétés de patronage de France, 14, place Dauphine.

58 patronages adhérents.

Patronage des apprenties et des jeunes ouvrières, 13, rue des Petits-Carreaux.

— 70, boulevard Voltaire.

— 59, avenue Daumesnil.

— à Champigny.

— à Ivry.

— 7, rue de la Mairie, à Antony (Sœurs de la Croix).

— **laïque du XXᵉ arrondissement** (Jeunes gens), (Subventionné par la Ville de Paris), à la Mairie.

— **Saint-Gervais**, 68, rue François-Miron.

— **de la jeunesse du quartier Croulebarbe** (Jeunes gens), (Subventionné par la Ville de Paris), à l'école de la rue St-Hippolyte.

Société de protection des institutrices sans place, 101, avenue du Roule.

Union sociale ou **Œuvre sociale française des Settlemens charitables** (Club-ouvroir pour jeunes filles), 72, rue de la Folie-Regnault ; primitivement 36, rue du Chemin-Vert.

Société contre la mendicité des enfants, 90, rue d'Assas.

Maison de travail (Jeunes gens), 13, rue de l'Ancienne-Comédie ; primitivement 46, rue des Perrichaux, à Plaisance.

    Asile et Dortoir, 49, rue de Rennes (Sœurs dominicaines).

École professionnelle (Jeunes filles), 32, rue Geoffroy-St-Hilaire (Sœurs de St-Vincent-de-Paul).

    — 92, boulevard Montparnasse,   — id. —

    — 81, rue d'Angoulême.   — id. —

    — (Garçons et filles), 174, rue Championnet.

    — **départementale d'orfèvrerie-bijouterie,** 7, rue du Bourg-l'Abbé.

    — **Roudil,** Ferme-école à Ben-Chicao (Algérie).

Atelier dit **Le Relèvement** (Assistance par le travail de l'*Armée du salut*), 30, rue Parmentier.

Maison de famille de « **L'Aiguille** » (Jeunes filles), 21, rue Boissy-d'Anglas.

    — 25, rue de Maubeuge.

Ouvroir-atelier pour les ouvrières sans travail, 9, rue St-Paul ; primitivement 10, rue Sévigné.

Soupe populaire du IIIe arrondissement, 62, rue Réaumur ; primitivement 14, rue de Normandie.

    —   **du IVe arrondissement,** 18, rue du Figuier.

    —   **du Ve**   —   58, rue Daubenton ; primitivement 12, rue de la Clef, et 10, rue de l'Épée-de-Bois.

    —   **du VIe arrondissement,** 34, rue Dauphine.

    —   **du XIe**   —   78, rue de la Folie-Regnault ; primitivement 30, rue St-Maur.

    —   **du XIIe arrondissement,** 8, rue Rondelet ; primitivement rue du Sergent-Bauchat.

    —   **du XIVe arrondissement,** 11, rue de la Gaité.

Soupe populaire du XVIe arrondissement, 11, rue Bethoven.
— du XVIIe — 14, rue Bacon.
— des amis du peuple, 3, impasse Compoint.
— du XXe arrondissement, 18, rue du Retrait et 56, rue des Haies.

Fourneau, 2, rue Frileuse, à Gentilly (Sœurs de St-Vincent-de-Paul).
— 14, rue St-Benoit, — id. —
— 7, rue de l'Abbaye, — id. —

Dispensaire municipal, boulevard d'Italie, à la Maison-Blanche.
— de la Société philanthropique, 59, rue Vercingétorix.

Œuvre des pauvres du Sacré-Cœur (Distribution de pain et vêtements aux indigents, Dispensaire et Placement), 31, rue Lamarck.
— **du pain des pauvres** dite **de Saint-Antoine de Padoue**, (Vestiaire, Ouvroir, Distribution de pain aux indigents), à la Maison des PP. Franciscains, 8, rue de Puteaux.

Maison de charité libre, à Boulogne-sur-Seine (Sœurs de St-Charles).

Œuvre du travail à domicile (Mères indigentes), Annexe de *l'Œuvre de l'hospitalité du travail*, 54, avenue de Versailles (Voir 1880).
Dépôts de vente, 53, rue des Sts-Pères, et rue Théophile-Gautier, à Auteuil.
— dite **La Ligue contre la misère**, 10, place Gambetta.

Association des comptables du commerce et de l'industrie (Caisse de prêts gratuits).

Société du Musée social, 5, rue Las-Cases. R. U. P.
— dite **Le Coin du feu** (Coopérative de constructions ouvrières), à St-Denis.
— **de Crédit mutuel à prêts gratuits**, 33, rue Bonaparte.
— dite **L'Adelphie** (Assistance mutuelle de femmes), 25, avenue Wagram.
Magasin de vente, 28, rue Vignon.

14 Sociétés de secours mutuels approuvées.

La Maison du peuple (Secrétariat du peuple, Caisse de famille et de loyers, Clinique gratuite de tuberculeux et Dispensaire), Œuvres de l'abbé Garnier, 26 *ter*, rue Hermel.

Souscription du *Figaro* **en faveur de** l'*Office central des œuvres de bienfaisance*, 41,614 fr.

Liste des autres souscriptions de bienfaisance recueillies par les soins et sur l'initiative du *Figaro* :

Pour la famille Ducatel (1871), 130,213 fr. — Les veuves et orphelins des gendarmes assassinés par la Commune (1871), 274,590 fr. — Les émigrés (1872), 20,000 fr. — Les inondés de la Seine (1872), 338,736 fr. — Les incendiés de la rue Monge (1873), 19,647 fr. — Les rachats du Mont-de-Piété (1874), 21,383 fr. — Les fourneaux économiques (1874), 25,398 fr. — Souscription Sax (1874), 23,800 fr. — Les incendiés du faubourg Saint-Antoine (1874), 42,909 fr. — Les inondés de Maisons-Alfort (1876), 101,222 fr. — Remplacement des subventions municipales retirées à 67 établissements charitables de Paris (1876), 95,584 fr. — Hôpital français de Londres (1877), 1,725 fr. — Les matelots de *La Revanche* (1877), 110,000 fr. — L'œuvre des apprentis d'Auteuil (1878), 331,107 fr. — Rapatriement de Gaspard et de sa troupe (1878), 3,588 fr. — Les écoles chrétiennes de Blois (1878), 50,842 fr. — Fondations de lits (1879), 130,280 fr. — Les écoles chrétiennes (1879), 83,709 fr. — Les inondés d'Espagne (1879), 118,683 fr. — Les pauvres de Paris (1879), 933,321 fr. — L'école de la Sœur Rosalie (1880), 94,135 fr. — Les sinistrés de Trouville (1880), 2,408 fr. — Les écoles libres (1882), 1,055,382 fr. — La veuve Simon et ses sept enfants (1882), 135 fr. — Les 30 ménages du passage de Gergovie (1883), 8,000 fr. — Les victimes du choléra à Marseille (1884), 15,903 fr. — Hôpital de Villepinte (1885), 10,338 fr. — Les familles des équipages de 10 bateaux pêcheurs naufragés (1887), 27,504 fr. — Les victimes de l'incendie de l'Opéra-Comique (1887), 157,188 fr. — Hopital de Pen-Brou (1889), 9,359 fr. — Les victimes des puits Saint-Louis et Verpilleux (1889), 8,722 fr. — Les orphelins de la chanteuse Amiati (1889), 1,500 fr. — Pour un vieil artiste malade (1889), 894 fr. — Les pêcheurs d'Islande (1889), 23,601 fr. — L'asile des lépreux de Madagascar (1890), 404 fr. — Pour Borras (1890), 14,839 fr. — Les sinistrés de la Martinique (1890), 430 fr. — Pour la retraite du comique Léonce (1890), 18,248 fr. — Diverses misères recommandées (1890), 2,537 fr. — L'église de Loigny (1890), 5,893 fr. — Les pauvres de Paris (1891), 210,500 fr. — Les femmes de France, Fondation Carnot (1891), 25,177 fr. — Les mineurs de Saint-Étienne (1891), 31,954 fr. — Le traitement de Mgr Gouthe-Soulard (1891), 5,299 fr. — Les victimes de la catastrophe de Saint-Gervais (1892), 18,774 fr. — Provisions aux troupes du Dahomey (1892), 43,235 fr. — Rapatriement d'artistes russes en détresse (1893), 652 fr. — Diverses misères recommandées (1893), 7,293 fr. — Pour diverses œuvres d'assistance, Don Max Lebaudy (1894), 10,000 fr. — Les petites poitrinaires de Villepinte (1894), 112,189 fr. — Pour Léon Maurie (1894), 1,260 fr. — Diverses misères recommandées (1894), 2,239 fr. — Pour le vaccin du croup (1894), 443,214 fr. — Les victimes de Montceau-les-Mines (1895), 500 fr. — Pour l'œuvre de la Mie de pain (1895), 500 fr. — Pour l'œuvre du travail à domicile (1895), 1,867 fr. — Les victimes de la catastrophe

de Bouzey (1895), 8,400 fr. — La Croix-Rouge française (1895), 200 fr.
— Les familles des 7,000 soldats morts à Madagascar (1896), 19,740 fr.
— Les naufragés du Guilvinco (1896), 2,910 fr. — Pour la famille David
(1897), 13,687 fr. — Les sauveteurs du Bazar de la Charité (1897),
84,896 fr. — Pour la famille Jullian (1897), 41,006 fr. — Pour les
œuvres du Bazar de la Charité (1897), 1,089,425 fr. — Les naufragés du
Vaillant, de la *Mésange* et de l'Ile de Groix (1897), 5,205 fr. — Pour la
veuve Maugé (1897), 2,773 fr. — Pour l'aveugle Alice Lavigne (1898),
89,367 fr. — Les coloniaux de Sèvres (1899), 23,660 fr. — Les marins
de *l'Étoile de mer* (1899), 3,513 fr. — Les incendiés de Bez, de Bercy,
de Fort de France, etc. (1899), 268,000 fr.
Total des souscriptions charitables : 6,923,223 fr.

Bureau municipal de placement gratuit, Mairie du IXᵉ arr.

Asile municipal George Sand (Refuge de nuit pour femmes),
1, rue Stendhal.

Œuvre du denier de la veuve et du vieillard, 14, rue Grange-
Batelière.

Fondation Audiffred (Prix de dévouement décerné par l'Académie
des sciences morales et politiques).

   — **Reine Poux** (Prix de dévouement filial décerné à des jeunes
     filles par l'Académie française).

   — **Vara-Larousse** (Prix de vertu décerné par l'Acad. franç.).

Maison des Sœurs Franciscaines (Gardes-malades des pauvres),
12, rue de Condé,
88, avenue de Paris, à St-Denis.

   — **des Sœurs du Saint-Cœur de Marie** (Gardes-malades des
     pauvres), 28, rue Lamarck.

Sanatorium (Maison de santé et Dispensaire), à Bécon-les-Bruyères.

Colonie de Cherrueix (Ille-et-Vilaine), Dépendance de l'Assistance
publique (Placement d'enfants assistés).

**Clinique de l'œuvre du traitement quotidien et gratuit des
tuberculeux pauvres**, 59, rue du Cardinal-Lemoine.

   — 26, rue du Général-Foy (Sœurs de St-Vincent-de-Paul).

   — **Notre-Dame-des-Champs** (Dispensaire annexé), 84, boule-
     vard Montparnasse.

Asile Sainte-Germaine (Jeunes filles incurables), 45, rue Des-
nouettes (Sœurs hospitalières du Sacré-Cœur-de-Jésus).

Caisse de secours de l'hôpital Broca, 111, rue Broca.

1895

Crèche et Asile Sainte-Marie, 146, avenue de St-Ouen.
— **Fourcade**, 25, rue Beuret (Sœurs de la Croix).
— **du XVIᵉ arrondissement**, rue François Millet ; primitivement 22 *bis*, rue Claude-Lorrain.
— 49, rue Gauthey (Sœurs Franciscaines).
— **municipale de la Salpêtrière**, 5, rue du Banquier.
— — rue de la Gare, à St-Ouen.
— — rue Voltaire, à Montreuil-sous-Bois.

Ligue fraternelle des enfants de France, 3, rue Thénard. R. U. P.

Orphelinat (Jeunes filles), 174, rue Championnet.

Maison dite **L'Abri de la Fillette** (Préservation et Placement),
25, rue Julien Lacroix.

**Société de secours et d'hospitalisation pour les orphelins des
ouvriers et employés des chemins de fer français**, 50, rue
Fabert.

Maison de l'Espérance (Réhabilitation de prêtres interdits), 31,
rue de Dombasle.

Œuvre protestante des enfants en danger moral (Succursale
pour jeunes gens), à Mehun-sur-Yèvre (Cher).

Patronage des jeunes gens du VIᵉ arrondissement (Subventionné par la Ville de Paris), à l'École de la rue de Madame.
— **paroissial de Notre-Dame du Bon Conseil** (Jeunes gens),
21, rue Bertrand.
— **de l'Immaculée-Conception** (Jeunes gens), 21, boulevard
de Picpus.
— **Saint-Maurice** (Jeunes gens), 1, rue Grandolle.
— **des apprenties et des jeunes ouvrières**, 4, rue de
l'Abbaye (Sœurs de St-Vincent-de-Paul).
— rue St-Jacques.
— 18, rue d'Odessa.
— 135, boulevard St-Michel.

— 12, rue Martignac.

— 5, place du Marché, à Nogent-sur-Marne (Sœurs de la Croix).

— 15, rue Mabieu, à St-Maur-les-Fossés (Sœurs de St-André).

Patronage Sainte-Marthe (Jeunes servantes placées ou non), Dépendance de l'*Asile St-Raphaël*, 58, rue d'Erlanger, au Point-du-Jour ; précédemment rue St-Jacques et rue Chanez.

Société de patronage des jeunes adultes détenus dans les prisons du Département de la Seine, 1, rue St-Maur.

Atelier, 9, rue St-Maur.

Œuvre des écoles catholiques d'apprentissage, 35, rue de Sèvres.

Ateliers, 179 et 194, rue de Vanves.

31, rue Haxo.

Maison de famille de l'Union chrétienne des ateliers de femmes, 129, rue de l'Université.

— (Jeunes gens), 76, rue des Sts-Pères.

Œuvre du Souvenir pour la protection de l'enfance (Fondation Teutsch), 11 *bis*, rue Laferrière.

Soupes et Vestiaire, rue Laferrière.

École ménagère et professionnelle (Jeunes filles abandonnées), place de la République, à Villemomble.

Soupe populaire de la Société philanthropique, 160, rue Montmartre.

— du Vᵉ arrondissement, 17, rue Thouin.

— du XIIIᵉ — 211, boulevᵈ de la Gare.

— — — boulevard de l'Hôpital.

— du XVᵉ — 95, rue de l'Abbé-Groult.

— — — 128, rue de Javel.

— du XVIᵉ — à la Mairie.

— du XIXᵉ — 44, rue de Crimée.

— des Œuvres ouvrières de Clichy, 7, rue du Landy.

— de Saint-Ouen, au Dispensaire de la commune,

— rue des Abouts.

Fourneau paroissial de Saint-Nicolas du Chardonnet, 15, rue des Bernardins (Sœurs de St-Vincent-de-Paul).

— rue de Tocqueville.

Réorganisation des 20 Bureaux de bienfaisance de Paris et des 76 Bureaux de bienfaisance de la banlieue (Décret du 15 novembre 1895).

Organisation des 45 Dispensaires de l'Assistance publique :

Ier arrondissement,		17, rue de l'Arbre-Sec.
—	—	32, rue du Marché-St-Honoré (Sœurs de St-Vincent-de-Paul). (Voir 1720.)
IIᵉ	—	2, rue de la Jussienne.
IIIᵉ	—	10, rue de Béarn.
—	—	76, rue des Archives.
IVᵉ	—	22, rue Ste-Croix-de-la-Bretonnerie.
Vᵉ	—	5, rue de l'Épée-de-Bois.
—	—	1, rue Boutebrie.
VIᵉ	—	14, rue St-Benoît (Sœurs de St-Vincent-de-Paul). (Voir 1817.)
—	—	82, rue de Vaugirard (Sœurs de St-Vincent-de-Paul). (Voir 1778.)
VIIᵉ	—	1, rue Oudinot.
—	—	109, rue St-Dominique.
VIIIᵉ	—	15, rue de Monceau (Sœurs de St-Vincent-de-Paul). (Voir 1844.)
—	—	17, rue de la Ville-l'Évêque — id. —
IXᵉ	—	25, rue de La Rochefoucauld.
Xᵉ	—	5, rue des Petites-Écuries.
—	—	179, avenue Parmentier.
XIᵉ	—	70, rue du Chemin-Vert.
—	—	33, rue St-Bernard.
XIIᵉ	—	rue de Citeaux (Sœurs de la charité et de l'instruction chrétienne).
—	—	rue Pleyel (Sœurs de St-Vincent-de-Paul).
X ᵉ	—	44, rue Jenner.
—	—	105, boulevard d'Italie.
—	—	22, avenue d'Italie.
XIVᵉ	—	1, place de Montrouge.
—	—	176, rue d'Alésia.
—	—	20, rue d'Alésia.

XVᵉ arrondissement, 12, rue d'Alleray.
—   —   69, rue Viollet.
XVIᵉ   —   78, rue de Lauriston (Sœurs de la Sagesse).
—   —   68, rue du Ranelagh (Sœurs de St-Vincent-de-Paul).
—   —   28, rue Jouvenet (Sœurs de Ste-Marie).
XVIIᵉ   —   15, rue Guersant (Sœurs de St-Vincent-de-Paul).
—   —   62 *bis*, rue Legendre (Sœurs de Ste-Marie).
—   —   43, rue Gauthey.
XVIIIᵉ   —   117, rue Ordener.
—   —   13, rue Affre.
—   —   6, rue Damrémont.
XIXᵉ   —   1, rue Jomard.
—   —   103, rue Bolivar.
—   —   1, rue de Louvain.
XXᵉ   —   121, rue de Bagnolet.
—   —   36, rue Étienne-Dolet.
—   —   45, rue des Cendriers.
—   —   28, rue des Rigoles.

Dispensaire municipal, 19, rue Pastourelle.
— 48, rue de la Convention.
— 6, rue de l'Équerre.
— **Saint-Antoine de Padoue**, 122, rue Haxo; primitivement 14, villa de l'Adour et 10, rue du Soleil (Sœurs du St-Sauveur). Succursale, 23, rue Joubert.
— (Enfants), 30, route de Flandre, à Pantin.

Prêts gratuits de couvertures du IIᵉ arrondissement, 44, rue Tiquetonne, 15, rue Marie-Stuart.
— du IIIᵉ arrondissement, 14, rue Cafarelli.

Ligue fraternelle de Montmartre (Vestiaire), 17, rue St-Izaure.

Ouvroir-Vestiaire des Œuvres ouvrières de Clichy, 7, rue du Landy.

Maison de charité libre, 23, rue Olivier-de-Serres (Sœurs de St-André).

Maison de charité libre, 48, rue Louis-Blanc, à Alfortville (Sœurs de St-Vincent-de-Paul).

Œuvre du chiffon (Vente au profit d'indigents), 4, cité Raynaud.

Union interscolaire de bienfaisance (Visite et Assistance des indigents), 13, rue de l'Ancienne-Comédie.

Société des visiteurs des pauvres, autrement dite **Société charitable des visiteurs pour le relèvement des familles malheureuses**, 25, rue de Lille.

Œuvre des loyers des quartiers de Picpus et de Javel, à la Mairie.

Bureau de consultations judiciaires gratuites, au Palais de Justice.

— **municipal de placement gratuit**, Mairies des XIIe et XXe arrondissements).

Secrétariat du peuple, 25, rue du Marché, à Levallois-Perret.

Habitations économiques de la Société philanthropique (Fondation Gouin), 23, rue d'Alsace (Voir en 1801).

Création du Conseil supérieur des habitations à bon marché, au Ministère du commerce.

Asile Marie-Alice, Fondation Fagniez (Enfants malades), à Hyères. Dépendance de l'*Œuvre de Marie-Auxiliatrice*, 25, rue de Maubeuge.

Fondation Carnot (Secours annuels attribués, par l'Académie des sciences morales et politiques, à 73 veuves d'ouvriers chargées d'enfants).

— **Mairet** (Primes d'assistance attribuées, tous les deux ans, par la Ville de Paris à une indigente des Ier et IIe arrond^{ts}.

— **Échalié** (Prix de dévouement attribué par l'Acad. franç.).

— **Alboni** (Répartition annuelle, par la Ville de Paris, de secours aux Mairies des 20 arrondissements).

— **Boissière** (Prime annuelle d'assistance attribuée, par la Ville de Paris, aux femmes sortant de l'*Asile municipal Pauline Roland*).

— **Pérou** (Prix de dévouement décerné par l'Académie française à des domestiques).

— **Lecoq-Duménil** (Prix de piété filiale décerné par l'Académie française).

Fondation Boutigny (Prix de vertu décerné par l'Académie française).

Œuvre dite **La Maison du soldat** (Assistance des militaires libérés), 51, rue d'Hauteville ; primitivement 3, rue Rampon.

Union française anti-alcoolique, 5, rue de Latran.

    435 Sociétés adhérentes, comptant ensemble 30,000 membres environ.

Société contre l'usage des boissons spiritueuses, dite **Ligue anti-alcoolique**, 5, rue de Pontoise.

    80 Sections en France.

— **contre l'usage de l'alcool**, dite **La Prospérité**, 81, avenue Ledru-Rollin.

    Maison de travail, 67, rue de Reuilly.

— dite **La Bretagne** (Assistance et Secours mutuels), 99, rue de Vaugirard ; primitivement 122, rue des Fourneaux.

— dite **L'Africaine** (Secours aux militaires), 4, rue de Marseille.

— **de dotation de la jeunesse française** (Caisse de prévoyance), 71, rue de Grenelle.

    349 Sections adhérentes.

11 Sociétés de secours mutuels approuvées.

Maisons des Sœurs Franciscaines du Sacré-Cœur (Gardes-malades des pauvres), à St-Mandé,

                  à Boulogne.

Société des Instituts marins (Enfants malades), 4, rue du Général-Foy (Sœurs de la Sagesse).

    Succursale dite **Institut Verneuil**, à Escoublac-la-Baule (Loire-Inférieure).

— **des œuvres de mer**, 5, rue Bayard (Religieux de l'Assomption).

    2 navires-hôpitaux à Terre-Neuve et aux côtes d'Islande.

    Maison de réunion à St-Pierre et Miquelon.

Clinique gratuite de tuberculeux, à Puteaux.

Œuvre des tuberculeux adultes (Dispensaire annexé), primitivement *Œuvre de Notre-Dame de Bon-Secours*, puis *Œuvre de Notre-Dame de l'Espérance*, 23, rue Joubert.

Clinique gratuite d'orthopédie et de massage (Dispensaire annexé), 21, rue Cujas.

Asile municipal Léo Delibes (Jeunes enfants), 58, rue du Landy, à Clichy-la-Garenne.

Maison de convalescence (Annexe de l'*Hôpital Saint-Joseph*), au Tremblay, près Villepinte.

Asile de convalescence, Fondation Borniche (Garçons et filles), à Mary-sur-Marne. R. U. P.

Petit hôpital et hospice, Fondation Ste-Marguerite (Vieillards), à Sceaux (Sœurs de St-André).

Pavillon annexe de l'hospice de la Reconnaissance, Fondation Lemaire, à Garches (Voir 1838).

1896

Crèche du XIVᵉ arrondissement, rue Jacquier. R. U. P.

— **Fénelon-Charles**, rue Charles-d'Ivry (Sœurs de St-Vincent-de-Paul).

Œuvres des crèches parisiennes, 47, rue La Boétie.

Orphelinat Parent de Rozan (Jeunes filles), Dépendance de l'Assistance publique, 122, avenue de Versailles.

— **industriel** (— id. —), rue du Nord, à Clamart (Religieuses Ursulines).

Patronage des apprentis et des jeunes ouvriers, 26, rue Vernier (Frères des Écoles chrétiennes).

— **Saint-Joseph-Saint-Louis** (— id. —), Mission ouvrière, 55, boulevard de Belleville (Frères de St-Vincent-de-Paul).

— **des apprenties et des jeunes ouvrières**, 20, rue St-Honoré.

— **Galerie Vivienne**.

— **35, quai d'Anjou**.

— **104, rue Lamarck**.

— **95, avenue de St-Germain**, à Puteaux (Sœurs de St-Vincent-de-Paul).

Patronage des apprenties et jeunes ouvrières, 3, impasse du
    Moulin-Joli.
- 50, rue Nationale, à Billancourt (Sœurs de Ste-Marie).
- **Jeanne d'Arc** (Jeunes filles), 16, rue Vercingétorix.
- **Saint-Antoine de Padoue** (Servantes sans place), 40, rue
    du Rocher.
- **paroissial Ollier** (Jeunes gens), 74, rue d'Assas.
- **Saint-Paul** (— id. —), 5, passage St-Paul.
- **Sainte-Marie des Anges** (— id. —), 44, avenue de la
    Gare, à St-Ouen.
- **des jeunes garçons protestants en danger moral**,
    36, rue Fessart.
- (Jeunes filles), à Ivry.
- (— id. —), place Condorcet, à Bourg-la-Reine (Sœurs de
    St-Vincent-de-Paul).
- (— id. —), à Alfortville,   — id. —

Maisons de l'Œuvre protestante des enfants en danger moral,
    Petite famille André (Jeunes filles), 4, place Cormeille, à
    Levallois-Perret.
    Foyer Caroline de Barrau (Jeunes filles), 46, avenue de
    St-Germain, à Puteaux.

Cours professionnels, Dépendants des *Œuvres ouvrières de
Notre-Dame-du-Rosaire*, 179, rue de Vanves.

Ouvroir de Saint-Vincent-de-Paul, 24, place Malesherbes.

Restaurant d'ouvrières, 21, rue du Bac.

Soupe populaire du IX° arrondissement, boulevard Rochechouart.
- du XI°   —   38, rue Faidherbe.
- des Batignolles, 17, rue Salneuve.
- de la Société des coiffeurs, 1, rue St-Augustin.

Fourneau paroissial de Saint-Jacques-du-Haut-Pas, 9, rue
    Nicole (Sœurs de St-Vincent-de-Paul).

Dispensaire de l'œuvre du pain des pauvres, 60, rue Nollet.
- de l'œuvre de Jeanne-d'Arc, 9, impasse Reille (Voir 1886).
- et Hôpital de chirurgie, Fondation Gouin, Dépendance de
    la *Société philanthropique*, rue des Bournaires, à Clichy
    (Sœurs de St-Joseph) (Voir en 1804).

Dispensaire municipal, rue des Abouts, à St-Ouen.

Cercle Valentin Haüy (pour les aveugles), 31, avenue de Breteuil.

Consultations gratuites pour les aveugles indigents, 31, avenue de Breteuil.

Réorganisation du Conseil supérieur de l'Assistance publique.

Fondation Reinach (Constitution de dots attribuées successivement, par la Ville de Paris, à 3 jeunes filles de chaque arrondissement).

— **Copin** (Prime annuelle attribuée par la Faculté de Droit à un étudiant méritant).

— **Debolle** (Prix de vertu décerné annuellement, par la Ville de Paris, à une jeune fille pauvre du XVIe arrondissement).

— **Remoiville** (Rente annuelle attribuée, par la Ville de Paris, aux femmes indigentes ou aux enfants de l'*Asile Léo-Delibes*.

— **Gouilly-Dujardin** (Prix de piété filiale décerné par l'Académie française).

Société anonyme des habitations à bon marché de Clichy, *Le Foyer*, à la Garenne-Colombes.

Habitations économiques de la Société philanthropique, 19, rue d'Hautpoul (Voir en 1801).

Caisse des loyers (pour aveugles), 31, avenue de Breteuil.

Association de la jeunesse française tempérante, 115, rue du Faubourg-Poissonnière.

Maison d'assistance par le travail de la Société « La Prospérité », 72 *bis*, rue Ledru-Rollin.

École départementale Le Pelletier de Saint-Fargeau (Correction de jeunes gens), à Montesson (Seine-et-Oise).

Piscine municipale Hébert (Hygiène gratuite), 1, place Hébert.

Établissement municipal de bains et douches (Hygiène gratuite), rue des Abouts, à St-Ouen.

Société dite L'Union aveyronnaise (Assistance, Secours mutuels, Dispensaire), 28, rue Lamarck (Religieuses de l'Aveyron). Succursale, 185, rue Vercingétorix.

— **amicale des Angevins** (Assistance et Secours mutuels), Comité siégeant chez le Président.

— **dite Les amis de la Haute-Vienne** (Assistance et Secours mutuels), — id. —

24 Sociétés de secours mutuels approuvées.

Abri Saint-Joseph (Assistance par le travail pour hommes), Dépendance de l'*Œuvre des pauvres du Sacré-Cœur*, 28, rue du Mont-Cenis.

Asile de jeunes filles allemandes (Placement), 5, rue Fondary.

Maison des Sœurs de Jésus dans le Temple (Gardes-malades des pauvres), 6, rue Vivienne.

> — **de santé, de retraite et de convalescence**, 53, Grande-Rue, au Grand-Montrouge.

> — dite **Villa-Louise** (Jeunes filles convalescentes), à Cannes.

Asile de vieillards, 91, rue de Paris, à Puteaux (Sœurs de St-Vincent-de-Paul).

Hôpital privé de l'Association des Dames françaises (Dispensaire annexé), 73, rue Michel-Ange.

Institut Wesberge (Enfants malades), 27 *bis*, rue Gide, à Levallois-Perret, remplacé en 1897 par la *Maison Marguerite*, 42 *bis*, boulevard de la Saussaie, à Neuilly (Dames Diaconesses).

Cliniques de l'Œuvre du traitement quotidien et gratuit des tuberculeux pauvres, 31, rue de Sèvres, et 46, avenue de Clichy.

Polyclinique Rothschild (Consultations et Dispensaire), 76 *bis*, rue de Picpus.

1897

Crèche du Mail, 70, rue Montmartre.

> — du XVIe arrondissement, rue François-Millet.

Patronage de la Sainte-Famille des Malmaisons (Jeunes gens), *Villa des Chiffonniers*, 25, rue Gandon.

> — paroissial (Jeunes gens), 119, rue de Grenelle.

> — — Saint-Pierre de Montmartre (Jeunes gens), rue de la Bonne.

> — et Cercle Saint-Louis (Jeunes gens), Dépendant des *Œuvres*

ouvrières *de Notre-Dame du Rosaire*, 55, rue Vercingétorix.

Patronage Saint-Michel (Jeunes gens), passage des Fourneaux (Religieux Franciscains).

— **des apprenties et des jeunes ouvrières**, 17, rue Linné.

— 16, rue Vercingétorix.

— 11, rue du Mesnil.

— 128, rue Pelleport.

Union protectrice des jeunes travailleurs des deux sexes, 27, boulevard St-Martin.

Œuvre internationale catholique de protection de la jeune fille, 4, rue des Bauches.

Institut normal de la rue Jacob.

Siège social à Fribourg (Suisse).

Ouvroir des Sœurs du Sacré-Cœur de Jésus (Jeunes filles), 39, avenue de St-Ouen.

École professionnelle municipale, 64, Grande-Rue, à Nogent-sur-Marne.

— **et ménagère** (Jeunes filles), Dépendance de l'*Œuvre du Souvenir*, à Villemomble.

L'assistance par le travail du Ve arrondissement, 58, rue Daubenton. *Disparue.*

Œuvre du torchon (Assistance par le travail), 12, rue Crocé-Spinelli.

— **familiale des ouvrières**, 23, rue d'Hauteville.

Société dite **L'Abeille** (Assistance par le travail), 28, rue Vignon.

Catholic-Home (Assistance anglaise, Patronage, Ouvroir et Placement), avenue Malakoff; primitivement 10, rue des Acacias (Sœurs servantes de la Mère de Dieu).

Maison San-Fernando (Assistance d'Espagnols indigents), 6, rue Devès, à Neuilly.

Mission Sainte-Élisabeth (Assistance des Alsaciens-Lorrains), 161, boulevard de la Gare (Sœurs de St-Vincent-de-Paul).

Dispensaire, 5, rue Durand-Claye, à Plaisance.

Fourneau paroissial, à St-Ouen.

Fondation Hirsch (Pensions viagères de la *Société philanthropique*). (Voir 1801.)

— **Institut biologique** (Annexe de l'*Institut Pasteur*), r. Dutot.

— **Rouget** (Attribution annuelle de dots, par la Ville de Paris, à deux jeunes filles catholiques).

— **Gabiou-Charron** (Prix de dévouement décerné par l'Académie française).

— **Marmier** (Secours attribués par l'Académie française à des écrivains dans une situation difficile).

Société dite **Le Sou du soldat** (Solde supplémentaire aux soldats adhérents), 59, rue de Provence.

Œuvre de l'adoption des orphelins de la mer, 5, rue Bayard.

Caisse des veuves et orphelins des anciens militaires des armées de terre et de mer, à la Mairie du VIIe arrondissement.

Asile temporaire (Jeunes filles), 14, boulevard d'Inkermann, à Neuilly ; auparavant 168, rue St-Honoré (Sœurs de l'Oratoire de St-Philippe de Néri).

Société dite **L'Appui fraternel des enfants de la Côte-d'Or** (Assistance et Secours mutuels), Comité siégeant chez le Président.

12 Sociétés de secours mutuels approuvées.

Œuvre laïque de la visite des enfants et des apprentis malades dans les hôpitaux.

Maison des Sœurs Franciscaines (Gardes-malades des pauvres), 31, rue de Dombasle.

— **des Sœurs servantes des pauvres**, 19, rue du Pot-de-Fer-St-Marcel.

—, **des Sœurs de Sainte-Marie de la Famille** (Gardes-malades des pauvres), 59, boulevard Arago.

Œuvre de Notre-Dame-de-la-Compassion (Clinique de tuberculeux).

Chambre de secours aux blessés, à Courbevoie.

Sanatorium pour les pupilles de l'orphelinat des arts, à Beneauville (Calvados).

Cliniques de l'Association des Sœurs de Jeanne d'Arc, 124, avenue du Maine, et 164, rue de Grenelle.

Maison des Petites-Sœurs des pauvres (Vieillards), Fondation Schillizzi, rue Varize, à Auteuil.

Asile municipal (Vieillards), Fondation Chauvel, 52, rue des Abondances, à Boulogne-sur-Seine (Sœurs de St-Charles).

Maison de santé, dite **Maison Marguerite**, 42 *bis*, boulevard de la Saussaie, à Neuilly.

— **de retraite** (Dames âgées), Villa d'Arcueil, à Malakoff.

Hôpital Boucicaut, Dépendance de l'Assistance publique, rue de la Convention.

1898

Crèche des Lilas, 8, passage Griselin.

— municipale du quartier du Combat, 66, rue Bolivar.

— — du XVII° arrondissement, 18 *bis*, avenue Mac-Mahon.

Œuvre parisienne des colonies maternelles scolaires, à la Mairie du IVe arrondissement.

Colonie scolaire du Patronage Olier, 74, rue d'Assas.

Orphelinat Cathelot (Jeunes filles), rue de la Fontaine, à Clamart.

— dit **La Maison des champs** (Jeunes gens), avenue du Coteau, à Vaucresson.

Patronage de Notre-Dame des Grandes-Carrières (Jeunes gens), 174, rue Championnet.

— des apprenties et des jeunes ouvrières, 147, rue Grenier-St-Lazare.

— 189, rue La Tour-d'Auvergne (Sœurs de St-Vincent-de-Paul).

— de Notre-Dame de Lorette.

— de St-Vincent de Paul.

— 25, rue de l'Assomption (Religieuses de l'Assomption).

— 127, avenue de Villiers.

— 50, rue de Torcy.

— 63, rue Belliard.

Patronage des apprenties et des jeunes ouvrières, 91, rue de Crimée.

— rue de l'Hérault, à Charenton.

— 23, rue du Coq-Français, aux Lilas.

— à St-Denis-de-l'Estrée (Sœurs de St-Vincent-de-Paul).

— 25, avenue des Batignolles, à St-Ouen.

— 20, passage des Quatre-Cousins, à St-Ouen.

— 7, rue du Landy, à Clichy.

— (Jeunes filles), 7, rue Coëtlogon.

École professionnelle Notre-Dame (Jeunes gens), à Aulnay-les-Bondy.

— **d'imprimerie** (Jeunes filles), 19, rue Bonaparte.

Maison de famille de « L'Aiguille » (Jeunes ouvrières), 93, rue d'Angoulême (Voir 1892).

— (Jeunes filles), 10, rue Laromiguière.

— **de charité libre,** 59, rue Daumesnil (Sœurs de la charité et de l'instruction chrétiennes).

Dispensaire, à Levallois-Perret (Sœurs de la Providence).

— à Boulogne-sur-Seine, rue St-Denis.

— **de l'Œuvre du pain pour tous** (Voir en 1885).

Hôtellerie populaire (Asile de nuit, Réfectoire, Ateliers de travail), Dépendance de l'*Armée du Salut*, 35, rue Chabrol.

Restaurant de tempérance, 43, rue St-Bernard.

Union parisienne des institutions féminines chrétiennes (protestantes), Section parisienne de l'*Union internationale des amies de la jeune fille* (Cercle *Amicitia*, Restaurant, Ouvroir, Patronage et Placement), 12, rue du Parc-Royal.

Ouvroir et École professionnelle (Jeunes filles), Dépendant des *Œuvres ouvrières de Notre-Dame du Rosaire*, 12, rue Crocé-Spinelli.

L'alliance féminine (Assistance mutuelle des femmes), 5, avenue Mac-Mahon.

Home israélite (Placement gratuit), 38, rue La Tour-d'Auvergne.

Œuvre du prêt gratuit de couvertures du VIIIᵉ arrondissement, à la Mairie.

Vestiaires municipaux, Dépendant des Bureaux de bienfaisance.
— **des jeunes prisonniers libérés**, 1, rue St-Maur.

Œuvre du Joyeux Noël (Jouets distribués aux enfants indigents),
4, avenue de La Bourdonnais.

Fondation Blouet (Primes d'encouragement au bien attribuées par
l'Académie française).

Société des anciens militaires blessés (Secours mutuels), 15, rue
St-Merri.
— **fraternelle de protection des veufs, veuves et orphelins des fonctionnaires de la Ville de Paris**, 65, boulevard de Grenelle.

? **Sociétés de secours mutuels approuvées.**

Maison des Petites-Sœurs de l'Assomption (Gardes-malades des
pauvres), rue Pasteur, précédemment rue du Sentier.
— **des Sœurs Franciscaines du Sacré-Cœur** (Gardes-malades
des pauvres), à Charenton.

**Œuvre des malades et des enfants pauvres de Levallois-
Perret**, 158, rue de Rivoli.

Comité de patronage des hôpitaux de Paris, Dépendance de
l'Assistance publique.

Société de patronage des aliénés guéris, 52, rue du Théâtre.

Maison de convalescence (Jeunes filles), (Legs à l'Assistance
publique), à Garches, rue de Garches (Sœurs de la Compassion
de St-Denis).

Hôpital d'Angicourt (Oise), Dépendance de l'Assistance publique.

Asile communal Aulagnier (Vieillards), 230, quai d'Asnières
(Sœurs de St-François Régis).

Maison Notre-Dame (Retraite d'hommes âgés), à Aulnay-les-Bondy.

1899

Crèche du XIXe arrondissement, 142, rue de Flandres.
Société de l'allaitement maternel, Section à St-Maur (Voir
en 1876).

Association de protection physique de l'enfance, 32, rue Lacépède.

Œuvre du Soleil (Vacances de jeunes filles pauvres), 3, rue Toricelli.

— **des saines vacances** (Enfants des deux sexes), 19, rue du Montparnasse.

Succursale à St-Laurent-sur-Mer (Calvados).

Orphelinat Saint-Gabriel (Jeunes gens), 48, boulevard Ornano, à St-Denis (Sœurs Salésiennes).

— **de l'industrie du Livre**, Siège de l'œuvre au Cercle de la librairie, boulevard St-Germain.

— **de l'association des employés de banque**, 5, rue de Provence.

Patronage des apprenties et des jeunes ouvrières, 20, rue des Panoyaux.

— 41, rue Dromont, à Levallois-Perret.

— 43, boulevard de la République, à Noisy-le-Sec (Sœurs de Marie).

— **Saint-Joseph** (Jeunes gens), Dépendant des *Œuvres ouvrières de Notre-Dame du Rosaire*, 88, rue du Château, à Plaisance.

Maison de Notre-Dame-du-Bon-Conseil (Patronage de jeunes gens et Mission ouvrière), 140, rue de Clignancourt (Frères de St-Vincent-de-Paul).

Œuvre de l'Union sociale (Patronage de jeunes filles), 170 *bis*, rue de Charonne.

Maison de famille (Jeunes filles), Dépendance de l'*Œuvre de Notre-Dame de Bonne-Garde*, 8, rue Singer.

Ouvroir (Jeunes filles), 18, rue de La Tour-d'Auvergne (Sœurs de St-Vincent-de-Paul).

École professionnelle des jeunes filles des Malmaisons, 25, avenue de Choisy.

Dispensaire de la Société philanthropique (Enfants), 75, rue de Clignancourt. Annexe du Dispensaire de la rue Labat fondé en 1888 (Voir en 1801).

— **et École professionnelle** (Jeunes filles), 15, rue des Bernardins (Sœurs de St-Vincent-de-Paul).

— 140, rue de Clignancourt.

Vestiaire des petits enfants pauvres (Dispensaire et Consultations), 24, passage Cardinet.

Maison de charité libre, 48, rue Louis-Blanc, à Alfortville (Sœurs de St-Vincent-de-Paul).

Œuvre des vieux souliers, rue St-Jean, à St-Ouen.

Union centrale du travail des femmes, 15, rue de Verneuil.

— **d'assistance par le travail du XVIIIe arrondissement**, à la Mairie,

Atelier, 25, rue des Saules.

Bureau de l'assistance et des mutualités maritimes, au Ministère de la marine.

Œuvre féminine (Société philanthropique de dames et jeunes filles, employées et servantes, Placement gratuit), 49, rue Vaneau.

— **des loyers du quartier des Quinze-Vingts**, à la Mairie.

Caisse de prêts gratuits, Dépendance de la *Société des visiteurs pour le relèvement des familles malheureuses*, 25, rue de Lille.

— **de prêts d'honneur** (pour les gens de lettres), 129, rue du Ranelagh.

Habitation économique de la Société philanthropique (Fondation Hirsch de Géreuth), 75, rue de Clignancourt (Voir en 1801).

Œuvre des jardins ouvriers, à Bercy, Dépendance de la *Société de St-Vincent-de-Paul* de Bercy, 23, rue de St-Pétersbourg.

— **à Saint-Mandé**, Dépendance de la *Société de St-Vincent-de-Paul* de l'Immaculée-Conception, 6, rue Ruty.

— **à Saint-Ouen**, Dépendance de la *Société de St-Vincent-de-Paul* de St-Ouen, 44, avenue de la Gare.

Bains-douches à bon marché, 40, rue de Bretagne.

Société dite L'Ornaise (Assistance mutuelle), Comité siégeant chez son Président.

Œuvre mutuelle des maisons familiales de repos pour le personnel de l'enseignement féminin, — id. —

Maison des Sœurs de la Miséricorde de Séez (Secours à domicile aux indigents de l'Orne), 17, rue Ballu.

— **des Sœurs du Sacré-Cœur de Marie** (Gardes-malades des pauvres), 28, rue Lamarck.

Succursale de l'Œuvre, des enfants tuberculeux, 35, rue de Miromesnil, à Noisy-le-Grand.

Atelier d'infirmes (Départemental), à Montreuil-sous-Bois, rue Armand-Carrel.

Sanatorium d'Hendaye (Enfants des deux sexes), Dépendance de la Ville de Paris.

Hospice Saint-Antoine-de-Padoue, à Noisy-le-Sec.

Nouveau pavillon dit **Sainte-Marguerite** (Enfants des deux sexes), à l'*Hôpital du Perpétuel-Secours*, 80, rue de Villiers, à Levallois-Perret.

1900

Orphelinat des Sœurs missionnaires italiennes (Jeunes filles,) à Neuilly, 149, rue Perronet.

Patronage familial (Préservation des mineurs), 14, place Dauphine.

Œuvre de la maison de famille coloniale, rue St-Dominique.

— **des marmitons** (Patronage des jeunes employés de l'alimentation), à l'Institut catholique, rue de Vaugirard.

Dispensaire Alexandre Mavrocordato (Indigents grecs des deux sexes), 7, rue Bizet.

Les Galeries de la charité (Fondation de Castellane), 25, rue Pierre-Charron.

Institut français des infirmières à domicile (Soins gratuits aux indigents), 8, rue Garancière.

Œuvre de Ste-Élisabeth (Tuberculeux pauvres), 254, rue Croix-Nivert.

— **des Lépreux,** Comité national français, 8, place Malesherbes.

Sanatorium St-Martin, près Neufchâteau (Vosges).

Asile de vieillards, 50, boulevard Ornano, à St-Denis.

— rue du Clos-de-l'Hôpital, à Ivry.

COULOMMIERS

Imprimerie PAUL BRODARD.